数字化转型、企业创新与全要素生产率

张 卓 著

DIGITAL TRANSFORMATION, ENTERPRISE INNOVATION AND TOTAL FACTOR PRODUCTIVITY

经济管理出版社
ECONOMY & MANAGEMENT PUBLISHING HOUSE

图书在版编目（CIP）数据

数字化转型、企业创新与全要素生产率 / 张卓著 . 北京 ：经济管理出版社，2025. -- ISBN 978-7-5243-0194-3

Ⅰ. F279.23

中国国家版本馆 CIP 数据核字第 2025ZQ3781 号

组稿编辑：郭丽娟
责任编辑：杜 菲
责任印制：张莉琼
责任校对：王淑卿

出版发行：经济管理出版社
（北京市海淀区北蜂窝 8 号中雅大厦 A 座 11 层 100038）
网 址：www.E-mp.com.cn
电 话：（010）51915602
印 刷：唐山昊达印刷有限公司
经 销：新华书店
开 本：720mm×1000mm/16
印 张：11.5
字 数：217 千字
版 次：2025 年 6 月第 1 版 2025 年 6 月第 1 次印刷
书 号：ISBN 978-7-5243-0194-3
定 价：88.00 元

推荐序 1

在数字经济蓬勃发展的时代浪潮下，数字化转型已成为所有企业乃至整个经济体系发展的关键驱动力和必然发展方向。我的博士生张卓在攻读博士学位之初就敏锐地抓住这一动态，并围绕它持之以恒地阅读文献、收集资料、撰写心得，最终将数字化转型确定为自己的研究方向。经过两年多的艰苦努力，数易其稿，终于完稿。不久前，张卓告诉我，有出版社愿意出版他的书，希望我为之作序。我当然知道此书尚有诸多可改进之处，但也深知此论题意义之重大、完成此书之不易，更了解此书中包含着诸多闪光之点，至少可以启发学术界进一步深化研究。念及此，我不揣“内举”之嫌，欣然向读者诸君推荐这本书。

数字化转型是一个兼及理论和实践的研究范畴。长期以来，国内外的相关研究多囿于理论层面，尽管实证分析不断增多，但不仅成果相对有限，而且主要聚焦于宏观数字经济以及数字金融等领域，探讨的是数字经济对整体经济的推动作用，以及这种发展在国家、区域及产业层面上的意义。然而，既然称作为“转型”，就必然是全面和深刻的，而且宏观、微观皆会被覆盖，遗憾的是，迄今为止，从微观经济主体——企业的视角出发深入研究数字化转型对企业创新影响的实证研究却凤毛麟角。本书的价值就在于，它从微观的角度，为数字化转型这一新兴研究领域贡献了丰富且扎实的实证研究成果，为后续学者深入探究企业数字化转型之路奠定了坚实的基础。

当下，数字经济正以前所未有的速度迅猛发展，推动企业积极实施数字化转型是国家数字经济战略规划的核心内容。但企业数字化转型究竟会带来怎样具体而深刻的影响，现有文献比较缺乏充分且有力的论证。本书通过严谨的实证研究，清晰地揭示了数字化转型对企业全要素生产率的提升有着十分显著的作用，证实了人们对数字化转型提升企业生产效率的期待。这不仅为企业在数字化浪潮中前行提供了激励和明确的方向指引，更为国家及地方政府制定数字化转型相关政策提供了极具参考意义的实证根据。

值得一提的是，本书在公司治理效应的分析框架方面也提出了若干具有一定创新性的思路。它区分了内部治理效应和外部治理效应，并分别对它们展开研究，取得了一些令人感兴趣的成果。在内部治理效应方面，着重研究了数字化转型如何激发企业的正面行为，尤其是对企业创新水平的提升作用。通过深入探究数字化转型对创新投入、创新产出和创新效率的促进机制，为企业提升创新能力提供了切实可行的路径参考。而在外部治理效应方面，随着ESG理念在全球范围内的广泛实践，作者敏锐地捕捉到这一趋势，深入分析了其如何将环境保护、社会责任履行等具有良好外部效应的企业行为内部化，助力企业更好地维护外部网络，降低运营和创新成本。同时，ESG理念在缓解委托代理问题、促进经理层与股东激励相容、提升风险承担意愿以及推动创新活动等方面也发挥着重要作用。本书分别从内部和外部两条逻辑思路展开分析，并进行了实证检验，极大地充实了数字化转型与公司治理效应的相关研究，为企业完善公司治理提供了全新的视角和思路。

值得一提的是，本书为了分析数字化转型对于企业创新的积极作用，构建了一种完整且逻辑严密的分析方法，即公司治理（制度基础）—数字化转型（战略变革）—企业创新水平（内部治理效应）—ESG表现与创新水平（外部治理效应）—企业全要素生产率（经济影响）。通过这一系统性、层层递进的分析方法，本书深入且全面地剖析了数字化转型与企业创新之间的多重复杂关系，在数字化转型的公司治理效应方面进行了极具价值的补充。

本书的研究对象是一个新问题，而且是一个日新月异的问题，这决定了它的研究不可能完备，但是我相信，本书的出版必将为数字化转型领域的研究和实践注入新的活力与动力。无论是从事数字经济、企业管理等相关领域研究的学者，还是致力于推动企业数字化转型的实践者，阅读本书，一定能获得开卷有益的收获。

李　扬
国家金融与发展实验室　理事长
2025年3月22日

推荐序 2

随着数字经济的迅速发展和全球竞争的日益加剧，数字化转型已成为推动企业发展的关键动力，并对企业创新及全要素生产率（Total Factor Productivity，TFP）的提升产生深远影响。在这一背景下，张卓博士的著作《数字化转型、企业创新与全要素生产率》系统而全面地分析了数字化转型的理论基础、实证研究及政策建议，为企业的数字化改革路径及政府政策的制定提供了诸多启示。

在当前全球化与技术快速迭代的背景下，数字化转型已被视为企业实现持续竞争力的重要战略手段。通过对大数据、云计算、人工智能等技术的应用，它能帮助企业在生产要素、资源配置与生产关系等方面进行全面优化。这本专著深入研究了数字化转型的两大关键效果，即推动创新与提升效率，这为数字化转型成为企业发展的核心战略提供了有力支撑。

一、创新：从传统到数字化的生态跃迁

数字化转型的首要驱动力展现在对企业创新能力的赋能上。在传统创新模式中，企业往往受限于资源内耗、信息流动壁垒及研发模式僵化等问题，而通过数字技术，企业可以实现创新路径的优化与模式的全新升级。

一方面，数字化为企业带来以数据为基础的协同创新模式。在这一模式下，不同企业间的信息共享机制得以突破，通过开放资源和技术协作，企业能够在更大的生态系统中展开竞争与合作。这种变化不仅使研发成本得以降低，也带来了更高的创新成果产出率。

另一方面，数字化还在透明化与精准化层面展现了强大的优势。现代数字技术打破了传统的信息孤岛，为企业打造了一个数据驱动的高效决策环境，使更具战略意义的创新项目能够优先被部署和得到资源支持。此外，核心竞争力也在数字化转型中得到极大提升。例如，一些企业通过引入人工智能与物联网技术来进行市场预测与生产优化，显著缩短新产品或新服务从研发到推广的周期，从而赢

得市场时机并提升创新水平。

然而，需要明确的是，数字化转型对创新的促进并非均一且普遍适用的。正如书中所述，这种作用呈现出行业属性与企业类型的异质性。在非劳动密集型企业和中技术密集型行业中，数字化转型的效果尤为显著。而在高科技企业中，尽管数字化转型能为其提供支撑，但由于这些企业本身已处于技术前沿，其提升效果往往不如中技术企业明显。这种倒 U 形效应警示我们，数字化的应用并非“万能药”，企业必须根据自身技术储备与产业特性进行调整与优化。

二、提升效率：全要素生产率的优化与平衡

除了激发创新外，数字化转型的另一核心价值在于提升全要素生产率。全要素生产率是衡量经济效率的核心指标，它不仅反映了企业生产力的提升，也体现了资源配置的优化程度。通过对中国 A 股上市公司进行长期研究，本书对数字化转型如何在具体层面上影响企业效率进行了多维度的阐释。

首先，资源配置效率是数字化转型的一大核心优势。传统企业往往面临资源分配不精细、浪费较高的问题，而通过数字技术的介入，企业可以实现以数据分析为基础的精组化管理，从而大幅减少浪费与非生产性消耗。此外，这种效率提升还为企业创造了资源间的动态配置能力，使企业能够更具弹性地应对市场波动与环境挑战。

其次，生产过程优化是另一个重要表现。技术赋能带来了流程的结构性调整，使冗长的运营周期被缩减，生产能力得以提升。通过数字化工具与平台，企业可以实现智能化管理，将生产问题的解决时间降至最低。例如，通过追踪供应链数据，企业能够及时调整上下游环节，避免生产环节产生不必要的延误。

最后，规模经济与地域协同是数字化转型带来的效率优化的重要补充。研究表明，数字化技术对具备一定规模的企业和区域经济发展较为落后的地区具有更为显著的提升价值。在西部地区，一些企业通过数字化转型获得了较其他地区更高的生产率改善。这不仅说明数字化赋能了这些地区企业在生产水平和能力上的跃迁，也起到了促进区域经济均衡化发展的作用。

然而，与创新类似，数字化转型在生产效率提升层面同样存在异质性。大型企业的转型效能普遍优于小型企业，而高新技术企业则因其对前沿科技的高适配性而具有更显著的效率改进。然而，在一些区域经济发展水平较低的地区，潜在生产率的改善则可能因其数字化基础设施薄弱或技术接受度不高而滞后。

三、平衡转型：寻找适配企业与区域发展的策略

总的来看，数字化转型为企业创新与效率提升注入了前所未有的活力，并成为推动未来企业发展的核心战略之一。但本书也提醒我们，数字化并不是“全能钥匙”，其推进效果受到企业规模、产业类型、地区差异等多重因素的制约。因此，企业在数字化转型实践中，需充分评估自身所处的技术环境与产业生态，采取更具适配性的战略决策。

例如，对于资源与技术欠发达的地区，政府与企业之间应建立更加紧密的合作关系，加强技术引入、人才培养与政策支持；而对于已经处于高水平数字化转型阶段的企业，则应通过持续创新与生态协作摆脱逐渐透明的市场竞争压力，探索下一阶段的增长动能。

总体来看，数字化转型不仅是技术进步下的自然演化，更是在革新生产方式、优化资源配置与提升创新能力过程中形成的一种企业发展哲学。它的潜力不仅在于短期的增长效益，更在于为企业带来长久的竞争力提升。本书通过翔实的数据分析与理论阐述，为我们提供了从微观路径到宏观框架的一站式解读。这一研究为企业如何合理布局数字化战略奠定了关键基础，也为政策制定者提供了科学依据。

张卓博士长期活跃于国内私募股权投资行业，积累了丰富且宝贵的实践经验。在日常工作中，他与众多优秀的硬科技创业者以及上市公司保持着紧密的联系。这种得天独厚的工作环境，使他得以近距离、全方位地观察到各类企业——从充满活力的初创公司，到稳健发展的成熟企业，乃至在资本市场备受瞩目的A股上市公司——在数字化转型浪潮中的具体历程。他见证了企业为实现数字化转型所采取的种种措施，也切实目睹了这些努力所带来的不同结果。这些丰富的实践经历，不仅激发了他对数字化转型领域的浓厚兴趣，更为他后续的学术研究提供了鲜活而真实的素材。

曾　刚
上海金融与发展实验室 首席专家 主任
2025年3月22日

自序——心怀感恩，砥砺前行

2014 年，我开始从事私募股权投资工作，主要关注半导体、新能源、新材料等硬科技领域。几年的实践经验让我意识到，过去 30 多年全球私募股权市场的爆发式增长，本质上是数字技术驱动下企业价值重构的过程。在与初创企业、上市公司的深度接触中，我目睹了数字化转型如何重塑研发流程、生产效率与治理模式，也见证了传统行业在数字化浪潮中的阵痛与突破。这种“近距离观察”让我越来越深刻地感受到，仅有实务感知是远远不够的，数字化转型对企业创新的非线性影响、对全要素生产率的传导机制，急需严谨的理论模型与实证检验作为支撑。

于是，在家人的支持下，我决定继续深造，攻读博士学位。终于，在紧张备考一年后的 2018 年，我如愿进入中国社会科学院，并有幸师从李扬老师攻读金融学博士学位。就在同一年，我的女儿张硕梓涵来到了这个世界。她的到来和我博士生涯的开启，都是我人生的新起点。

5 年半的学术跋涉中，论文选题历经数次调整，每一步都伴随着理论框架的重构与实证数据的反复验证。衷心感谢我的导师李扬老师，自始至终给予我悉心指导，无论是在学术上还是在生活中，我无时无刻不受到李扬老师智慧的启迪。曾刚老师，也在我读博期间给予诸多鼓励与支持。那些在深夜伏案修改模型、白天与导师热烈讨论的片段，已化作我对学术探索的敬畏与热爱。2023 年底，我的博士论文最终通过答辩，后承蒙出版社邀约，我又耗时一年有余，将论文扩展为这部专著，期望以更系统的视角呈现数字化转型对企业发展的深层逻辑。

在学术与职业道路上的每一步迈进，都如同攀登一座高峰，充满了挑战与未知，而在这漫长的征程中，我收获的不仅仅是知识与些许成绩，更多的是来自家人无尽的支持与关爱。当这本凝聚着自己多年心血的作品即将付梓之际，心中涌动的感激之情溢于言表。成书之际，我要将最深切的感恩献给我的夫人徐碧君。这些年来，我们携手共同乐观地面对工作、生活中的种种困难，始终心怀感恩与敬畏之心。此外，我更不能忘记家中的长辈们，他们对我做出的选择永远给予无条件支持和信任。

尽管本书在理论构建与实证分析上力求严谨，但仍存在诸多遗憾。其一，数字化转型程度的度量依赖上市公司年报文本分析，虽较主观评价却更具客观性，但年报披露的显性指标难以涵盖企业文化、员工思维等隐性维度，未来需探索多源数据融合的度量方法。其二，内部治理效应仅聚焦企业创新水平，而数字化对内部控制、战略执行效率等的影响尚未深入；外部治理效应虽以 ESG 为切入点，但市场关注度、政策响应度等维度仍待拓展。其三，经济影响分析局限于全要素生产率，而数字化对企业价值（如托宾 Q 值）、资本市场表现（如股价崩盘风险）的作用机制，需结合行为金融学理论进一步挖掘。这些不足既是学术探索的边界，也是未来研究的起点。

学术之路漫漫，唯愿本书能为理解数字经济时代的企业变革提供一块基石，更期待与学界同仁共同探索这片充满挑战的领域。

张　卓

2025 年 3 月 24 日

前言

近年来，中共中央、国务院的重大决策明确要求“推动数字经济和实体经济融合发展”。在发展数字经济成为全球普遍的国家层面战略共识的时代背景下，我国数字经济经历了迅速的规模扩大和结构优化。作为活跃的微观主体，企业开展数字化转型是践行我国数字经济战略的重要表现。在ESG理念的指引下，研究数字化转型对企业创新、全要素生产率、公司治理和高质量发展的积极作用具有重要的理论价值和现实意义。

本书首先梳理了数字化转型和企业创新的相关研究成果，结合内部治理要素，针对数字化转型战略对企业创新的影响进行理论分析和实证研究。其次，将ESG评价视为上市公司内外部治理水平的集中体现，考察了ESG表现对企业创新产出和创新效率的影响，分析了数字化转型在其中发挥的调节作用。再次，实证研究了数字化转型对上市公司全要素生产率的提升作用。最后，结合研究结论提出相应的政策建议。

本书研究的理论意义在于：构建了一个分析数字化转型战略、企业创新行为与全要素生产率的理论框架，基于公司治理对数字化转型战略变革具有重要影响的理论假设，按照“数字化转型（战略变革）—企业创新绩效（内部治理效应）—ESG表现对企业创新水平的影响（外部治理效应的内化）—企业全要素生产率（经济影响）”的逻辑主线，分析了数字化转型所产生的内部治理效应和外部治理效应，探讨了其中的作用机理。

本书研究的实证结论在于：第一部分基于我国A股上市公司2011~2021年数据，分析了数字化转型程度对于上市公司企业创新绩效的影响。基本的回归结果显示，在样本期内，数字化转型水平对于企业创新投入、创新产出和创新效率均具有显著的积极影响。稳健性检验没有改变基本研究结论。分别运用工具变量和二阶段最小二乘法、倾向得分匹配法和加权最小二乘法缓解内生性问题，回归结果也与上述研究结论基本一致。数字化转型对于企业创新绩效的正向影响，在不同类型的企业之间存在着明显的异质性。具体而言，对于国有企业和非国有企业数字化转型对于创新投入和创新产出的影响差异不大，但在非国有企业中，更能实现数字化转型对创新效率的促进作用。大型企业的数字化转型对于创新投入、创新产出和创新效率的促进作用要明显大于小型企业。非劳动密集型企业的数字化转型对于创新产出和创新效率的积极作用明显大于劳动密集型企业。而数字化转型对高新技术行业企业创新效率的促进作用却要弱于非高新技术行业企业。由此可见，数字化转型对企业创新效率的影响可能呈现一种倒 U 型的非线性关系，在中等技术密集型的企业中发挥最大的效果。因此，数字化转型不能代替关键核心技术前沿领域的原始创新。第二部分采用我国 A 股上市公司 2011~2021 年数据、华证 ESG 评级数据和数字化转型指数考察了 ESG 表现对企业创新产出和创新效率的影响以及数字化转型在其中的作用。研究发现，在样本期内，ESG 表现对企业专利申请总数、专利授权总数和既定投入的专利申请数量（创新效率）均有显著的正向影响，缓解融资约束是其中重要的作用机制。数字化转型能够正向调节 ESG 表现对企业融资约束的缓解作用，以及对企业创新活动的积极作用。利用彭博 ESG 评分代替关键解释变量与运用工具变量和两阶段最小二乘法缓解内生性问题所得研究结论基本一致。另外，进一步的分析发现，ESG 表现对企业创新绩效的积极影响具有多维异质性。非国有企业、东部地区企业、非高新技术行业企业和低污染行业企业的 ESG 表现对其创新绩效的正向影响更为明显。特别地，ESG 表现对企业创新绩效的提升作用可能符合边际效率递减的规律，在中等技术密集型的企业中发挥最大效应。第三部分选取我国 A 股上市公司 2011~2021 年数据考察数字化转型对于企业全要素生产率 TFP 的影响，其中被解释变量 TFP 通过应用 OP、LP、OLS 和 FE 四种不同方法测度而得。基本回归结果发现，在考察期内，数字化转型水平对于样本企业全要素生产率具有显著的促进作用，并且作用强度在不同类别子样本中存在明显的差异性。具体而言，数字化转型对于国有企业和大型企业的全要素生产率的影响大于对非国有企业和小型企业的影响。对于西部上市公司全要素生产率的影响高于对中部、东部上市公司的影响，对于东部上市公司的作用强度最弱，数字经济和实体经济的深度融合为我国中西部地区缩小经济发展差距，甚至“弯道超车”创造了契机。数字化转型对高新技术行业企业全要素生产率的促进作用也略高于非高新技术行业企业。中介效应检验表明，企业创新产出是数字化转型影响企业全要素生产率的重要作用机制，在总效应中起到了 10%~20% 的部分中介效应。上述研究结论具有一定的稳健性。

本书研究的实践意义还在于，在数字经济战略成为国家、产业、企业、个人的重要发展战略的时代背景下，从微观角度为上市公司如何更好地实施数字化转型战略、为公司治理作为基础制度如何为数字化转型战略变革保驾护航、为数字化转型如何更好地提升企业生产效率提供经验性证据，为计划在这一轮数字经济浪潮中采取数字化转型战略的企业提供公司治理、治理效应和经济结果三者之间影响机制方面的参考和经验依据。从宏观角度为政策制定者、立法及监管部门提高上市公司治理水平、促进上市公司实施数字化转型提供可资借鉴的理论和实证经验。

目 录

第一章　导论

本章主要介绍了数字化转型、企业创新与全要素生产率的研究背景，阐述本书的研究意义，概述本书的主要研究内容，分析说明研究的思路和方法，并提出本书的创新和不足之处。

第一节　研究背景与研究意义

一、研究背景

在21世纪，世界上最有价值的公司受到重视的主要原因之一在于它们拥有的海量数据，这使数据成为资产与金融的核心之一。数据改变了公司估值，是创业者创办新公司的关键考虑因素，也是公司创新的重要源泉。数据经济的兴起正在改变收入来源和风险来源（Goldfarb和Tucker，2019；Lambrecht和Tucker，2015）。

党的二十大报告明确提出“加快实施创新驱动发展战略”。在当前越发重视数字经济的时代，以大数据、人工智能、云计算、区块链等为代表的先进数字技术不断迭代，上述技术与实体经济深度融合，一方面推动数字经济快速发展，另一方面共同构成建设我国经济的重要引擎。田秀娟和李锐（2022）指出，数字技术的不断创新可以看作我国数字经济发展的第一动力，不仅能够帮助传统企业实现数字化转型、赋能传统企业高质量发展，而且能够提升我国企业的整体竞争力和影响力。当下，数字技术已成为创新要素聚集最多、应用范围最广、辐射带动效应最强的技术创新领域。企业是经济运行的微观基础，这就使企业成为数字技术创新的关键主体。学术界普遍关注数字技术创新赋能企业高质量发展的具体路径，越来越多的企业正开展数字化技术研发创新，学术界亟待探讨数字化技术创新对各类企业发展的具体影响及其背后隐含的理论机制，这些研究可以为我国把握数字化发展新机遇、拓展数字化发展空间提供启示。

2020 年以来，数字经济展现出强大的活力，不同于传统行业，实现数字经济总量的逆势增长，为世界经济的复苏和增长注入了重要动力。发展数字经济是紧跟时代步伐、顺应科技发展规律的客观路径，是促进创新、提升生产率从而推动国家高质量发展的必由之路。根据国务院 2022 年发布的《“十四五”数字经济发展规划》，我国将以“坚持创新引领、融合发展”作为发展数字经济的首要原则，促进数字技术向社会经济生产的各领域深入渗透，进而“形成以技术发展促进全要素生产率提升、以领域应用带动技术进步的发展格局”。

在发展数字经济成为全球普遍的国家层面战略共识的时代背景下，我国数字经济高速增长，实现规模增长和结构优化。企业作为活跃的微观主体，在推动实施企业本身数字化转型的过程中实践着中国数字经济的发展战略。一方面，结合上市公司高质量发展对改善公司治理的要求，企业需在微观主体经济行为层面，践行国家所倡导的《“十四五”数字经济发展规划》；另一方面，数字化转型战略也促进企业提升创新绩效、全要素生产率和公司治理效能。上述内容一同构成了本书的数字化转型研究背景。

（一）数字经济战略已成为全球共识

近代以来，大国崛起的关键是把握重大科技革命浪潮，抢占影响全球进程的技术和产业制高点，成为世界政治经济发展的引领者。当今世界正经历百年未有之大变局，正处于数字经济与工业经济的转型时期，以互联网和信息技术为代表的新一轮科技革命正在深刻改变人类的生活方式、生产方式和社会形态。数字经济在促进贸易便利化、拉动经济增长、提高劳动生产率、培育新市场新增长点、实现包容性增长和可持续发展等方面发挥着越来越重要的作用。

数字经济是继农业经济、工业经济等传统经济之后的重要新经济形态，是当今世界新发展格局的重要标志，受到世界各国特别是发达国家和新兴经济体的高度重视。发达国家纷纷出台数字经济战略，以数字战略引领数字化转型，以期抢占未来科技竞争制高点。经济合作与发展组织（OECD）发布的《数字经济展望 2020》显示，在 37 个国家开展了数字经济政策调查，其中 34 个国家制定了国家总体数字战略。美国是世界上最早布局数字经济的国家之一，在 20 世纪 90 年代启动了“信息高速公路”战略，先后发布了《新兴数字经济》《新兴数字经济（二）》《数字经济 2000》《数字经济 2002》《数字经济 2003》《联邦大数据研发战略计划》。

欧盟努力打破成员国之间的数字市场壁垒，早在2009年就出台了《数字红利战略》《数字单一市场战略》《通用数据保护条例》《人工智能合作宣言》等推动数字经济发展的战略。英国自2009年推出“数字英国”以来不断升级数字经济战略，先后出台了《信息经济战略2013》《英国数字战略2017》等数字经济创新战略。日本、德国等科技发达国家，G20、金砖国家等多边经济体也将数字经济作为重要的国家战略。

（二）我国数字经济高速增长

发展数字经济是与时俱进、符合科技发展规律的客观路径，是推动国家高质量发展的必由之路。当前，我国正面临发展数字经济的重要机遇，数字基础设施比较完善、庞大的人口基数缔造出巨大的市场规模。着力提高数字技术创新能力，加快数字产业化和产业数字化，推动互联网、大数据、人工智能和实体经济深度融合，充分发挥大市场优势，释放新动能，数字经济规模将继续保持高速扩张趋势。

我国政府高度重视数字经济发展，在国家层面，党的十八大以来，党中央、国务院相继出台了《关于积极推进“互联网+”行动的指导意见》《促进大数据发展行动纲要》《新一代人工智能发展规划》等扩大和升级信息消费、大数据发展等一系列重大战略和政策，从战略层面支持数字经济发展。在国家政策引导下，各地政府纷纷出台数字经济政策，将发展数字经济作为经济高质量发展的重要举措。近年来，各国数字经济快速发展，产业规模不断扩大。中国信息通信研究院发布的《全球数字经济白皮书2023年》显示，2022年，数字经济实现高质量发展，进一步向做优、做强、做大的方向迈进。其表现在：①数字经济总体体量进一步增长。2022年，我国数字经济总规模达到50.2万亿元，同比增长10.3%，数字经济总规模增速连续11年显著高于同期GDP名义增速，数字经济总量占GDP比重达到41.5%，这一比重在体量上与第二产业占国民经济的比重接近。②数字经济内部结构持续优化。可以将数字经济内部结构分为数字产业总规模和产品产业数字化总规模，2022年，我国数字产业总规模达到9.2万亿元，产品产业数字化总规模为41万亿元，上述两项在数字经济总量中的比例分别是18.3%和81.7%，数字经济内部结构较为稳定，在国民经济第一、第二、第三产业中，数字经济渗透率分别为10.5%、24%和44.7%，同比分别提升0.4%、1.2%和1.6%。③数字经济全要素生产率进一步提升。总体来看，数字经济全要素生产率从2012年的1.66%上升到2022年的1.75%，数字经济的生产率和同比增幅都显著高于整体国民经济的对应数据，数字经济对国民经济生产效率的提升起到了关键拉动作用。

（三）企业数字化转型对我国数字经济战略的实施具有重要作用

数字经济的核心是“三个现代化”体系，即数字产业化、产业数字化和数字治理。当前，数字产业化已进入平稳增长时期，数字治理处于探索发展时期，产业数字化处于快速发展时期。数字产业化是指信息通信产业，产业数字化是指其他产业和信息通信技术的融合和升级。产业数字化作为数字经济增长主引擎的地位不断凸显，产业数字化转型加快是大势所趋。中国信息通信研究院认为，产业数字化转型是指以解决产业实际问题为导向，通过数字技术与产业的全面深度融合，为整个产业构建数据采集、传输、分析、反馈的闭环，以数据流牵引带动产业全方位、全角度、全链条的转型创新。打造产业融合新生态，实现机制转型，提升企业和行业竞争力。

当前，人类社会正在进入以数字技术为驱动的产业转型浪潮周期，各行各业已经到了数字化转型的关键时刻。我国能否抓住数字化转型浪潮的机遇，全面推进产业数字化转型，将决定我国能否从起飞走向全面崛起。从国际竞争的角度来看，数字化转型的机遇是全球共享的，数字化本身具备开源与融入全球的特征，因此在当前的全球经济环境下，面临前所未有的挑战。世界各国和全球领先企业都在积极布局。从企业角度来看，全球正在加速企业数字化转型，转型支出不断增加。同时，数字化企业正在成为新的全球领导者。从产业发展的角度来看，推进数字化转型日益成为国内产业高质量发展的迫切需要。

企业是最具活力的微观经济组织，在宏观数字经济战略的转型和实施中承担着重要的职能。各行各业的企业是推动产业数字化转型的重要参与者。2021 年底，国务院发布的《“十四五”数字经济发展规划》，提出要加快我国企业数字化转型升级，引导企业强化数字化思维，提高员工数字化技能和数据素养，全面、系统地推进企业研发设计、生产加工、运营管理、销售服务等业务环节的数字化转型。

二、研究意义

本书首先在梳理数字化转型、企业创新以及公司治理效应的相关研究成果的基础上，基于数字化转型战略视角，对公司数字化转型战略的创新效应进行理论分析和实证研究。其次在治理效应研究基础上，实证研究数字化转型对我国 A 股上市公司创新绩效的影响、数字化转型能够促进 ESG 表现对企业创新活动的积极作用以及数字化转型与我国 A 股上市公司全要素生产率的影响。最后针对研究结论提出相应的政策建议。理论意义和现实意义如下：

（一）理论意义

数字化转型属于数字经济理论研究范畴，国内外无论是理论分析，还是实证分析，多从宏观数字经济、数字金融角度研究数字经济对宏观经济的促进作用以及对国家层面和行业层面的重要战略意义，较少从活跃的微观经济主体（企业）的视角出发研究数字化转型对企业创新的影响。

公司治理是一系列重要的制度安排，以保障股东和其他利益相关者的利益，促进企业创造价值。数字化转型作为一个重要战略变革，公司治理作为重要的公司制度基础，内部治理机制和外部治理机制会对治理水平产生重要影响，治理水平作为基础制度保障会对战略变革的决策和实施产生实质影响，而相关研究较少结合数字化转型战略与公司治理机制。

同时，本书研究的理论意义还在于，通过构建数字化转型战略、公司治理效应的理论框架，在公司治理对战略变革具有重要影响的假设基础上，按照"数字化转型（战略变革）—企业创新绩效（内部治理效应）—ESG 表现与创新水平（外部治理效应的内化）—企业全要素生产率（经济影响）"的逻辑主线，从公司治理这一战略变革基础制度保障寻找促进上市公司实施数字化战略的方法，并探究通过数字化转型所产生的治理效应，分析公司治理结合数字化转型产生治理效应和经济绩效的影响机理。

（二）实践意义

随着我国数字经济的快速发展，企业纷纷采取数字化转型战略，数字化转型成为企业成长增加盈利的重要措施。规范、引导和推动公司数字化转型，发挥数字化转型治理效应，既是公司发挥治理效应，上市公司高质量发展的必由之路，也是国家数字经济战略发展的需要。

本书基于微观层面企业创新的视角研究数字化转型，通过理论分析、实证研究和比较研究方法，深入探讨数字化转型对企业全要素生产率的影响，并试图从实践角度回答以下问题，为数字化改革和高水平转型提供参考。

首先，讨论了数字化转型战略的治理效果，从内部治理效应的角度实证检验了数字化转型对企业创新水平提升的影响，从微观经济的实证证据出发，验证了将数字经济作为重要公司治理策略的意义。

其次，从外部治理效应内化的角度实证论证了数字化转型能够促进 ESG 表现对企业创新活动的积极作用。

最后，通过机制分析中介了企业创新绩效作为内部治理效应的代表在数字化转型与企业全要素生产率之间的作用。从理论上回答了数字化转型提高生产效率的影响机制，为上市公司实施数字化转型战略、实现高质量发展提供理论支撑和经验证据。

同时，本书研究的现实意义还在于，在数字经济战略成为国家和企业重要发展战略的时代，为上市公司如何更好地实施数字化转型战略、加强企业创新以及公司治理如何改善提供了经验证据。为企业利用数字化转型更好地提高企业生产效率提供了参考和实证依据。从宏观角度来看，为政策制定者、立法者和监管部门推动上市公司数字化转型实施、提升上市公司创新绩效以及提高上市公司治理水平提供理论和实证经验支持。

第二节　研究方法、研究内容与研究思路

一、研究方法

本书在研究过程中综合使用了多种研究方法，主要如下：

（一）数理统计法

根据 Wind 数据库和国泰安 CSMAR 数据库，结合上海证券交易所、深圳证券交易所相关数据库和上市公司公告信息，对我国上市公司的数字化转型水平、创新绩效、治理效应、经济影响进行量化并构建指标变量，设计相应的实证模型，进行回归分析和稳健性检验，从而得出研究结论。

（二）数理模型法

数字化转型涉及企业的投资决策，企业面临成本收益的权衡。因此，本书第三章建立数理模型分析企业的数字化投资决策。企业的数字化投资决策增强了企业的数字化转型力度，基于数字的非竞争性以及外部性，企业数字化投资既可以影响创新，也可以提高企业生产率。

（三）计量分析法

本书第四、第五和第六章运用计量分析法，主要用统计计量方法分析数字化转型与企业创新、数字化转型能够促进 ESG 表现对企业创新活动的积极作用、数字化转型与企业全要素生产率之间的相关关系。相关数据主要源于上市公司公开披露数据和权威数据库，针对相关关系分别设计实证模型，收集整理样本数据，确定计算相关的变量，分析讨论所得到的实证结果并进行稳健性检验。本书

运用了基本回归模型进行实证检验，同时运用变量替换法、工具变量法、倾向得分匹配法、滞后期模型检验法完成稳健性检验，以确保本书结论的可靠性。

（四）比较分析法

数字化转型对于企业创新绩效的正向影响，在不同类型企业之间存在明显的异质性。具体而言，对于国有企业和非国有企业，数字化转型对于创新投入和创新产出的影响差异不大；但在非国有企业中，更能实现数字化转型对创新效率的促进作用；大型企业的数字化转型对于创新投入、创新产出和创新效率的促进作用要显著大于小型企业；非劳动密集型企业的数字化转型对于创新产出和创新效率的积极作用明显大于劳动密集型企业；而数字化转型对高新技术行业企业创新效率的促进作用却要弱于非高新技术行业企业。由此可见，数字化转型对企业创新效率的影响可能呈现一种倒 U 型的非线性关系，在中等技术密集型的企业中发挥最大的效果，因此，数字化转型不能代替关键核心技术前沿领域的原始创新。ESG 表现对企业创新绩效的积极影响具有多层维度的异质性：在非国有企业、东部地区企业、非高新技术行业企业和低污染行业的企业中，ESG 表现对其创新绩效的正向影响更为明显，特别地，ESG 表现对企业创新绩效的提升作用可能符合边际效率递减的规律，在中等技术密集型的企业中发挥最大效应。数字化转型水平对于样本企业全要素生产率的促进作用的强度在不同类别子样本中存在明显的差异性，具体而言，数字化转型对于国有企业、大型企业全要素生产率的影响要大于对非国有企业和小型企业的影响；对于西部上市公司全要素生产率的影响要高于对中部、东部上市公司的影响，对于东部上市公司的作用强度最弱，数字经济和实体经济的深度融合为我国中西部地区缩小经济发展差距。

二、研究内容

本书的核心研究目的是通过分析数字化转型对企业创新的影响以及所带来的经济影响，探讨公司治理作为一种制度安排如何适应数字化转型的战略方向。通过推动企业采用数字化转型战略，公司治理可以发挥内部治理效应和外部治理效应，企业创新绩效可以看作是内部治理效应的代表，ESG 表现可以看作是外部治理效应的表现，准确把握公司治理与数字化转型之间的关系，可以有效提高企业生产力，为数字经济时代上市公司实现高质量发展提供一定参考。前人的研究为本书奠定了研究基础，数字化的转型实践也为本书提供了研究契机。本书尝试将公司治理效应的经典研究成果与数字化转型的前沿研究情况结合起来，探索经典与前沿的结合。

本书的主要研究内容如下：

通过文献梳理企业数字化转型的量化方式，尽力寻找客观的数字化转型刻画方法，以确定企业数字化转型水平（DIGIT），这是企业数字化转型的核心变量。

在对公司创新理论、治理理论、有效市场理论、数字经济理论等基础理论进行总结的基础上，结合公司治理、数字化转型以及数字化转型治理效果的文献综述，提出理论解释，综述了公司治理与数字化转型战略、数字化转型战略与治理效应、数字化转型战略与企业全要素生产率的关系，为实证分析中的研究假设提供文献基础和理论支持。

通过分析数据的经济属性提出多产品企业模型，概述数字化转型如何通过生产工艺创新或产品创新推动企业发展，揭示数据因素促进全要素生产率的可能性，从而促进经济增长。

实证研究了实施数字化转型对促进企业采取积极行为的影响，即提高企业创新投入、创新产出和创新效率。在 OLS 基本回归分析的基础上为保证结论的可靠性，补充了工具变量法、倾向得分匹配法、变量替换法、滞后期模型检验法等稳健性检验方法。

从战略目标实现的角度实证研究数字化转型能够促进 ESG 表现对企业创新活动的积极作用，以及数字化转型通过企业创新绩效的中介效应对于企业全要素生产率的影响。为提升上述研究结论的可靠性，运用基本 OLS 回归模型，在克服内生性影响后检验所提出研究假设的正确性。

三、研究思路

本书的主体研究思路为：在国家关注数字经济、实施“创新驱动”战略和倡导 ESG 投资理念的宏观背景下，在文献研究和理论分析的基础上以微观视角的企业数字化转型为核心，探讨了数字化转型、企业创新、ESG 表现、企业全要素生产率（TFP）之间的关系，证实了按照“数字化转型（战略变革）—企业创新绩效（内部治理效应）—ESG 表现对企业创新水平的影响（外部治理效应的内化）—企业全要素生产率（经济影响）”这一完整逻辑链条。

本书的具体研究思路为：

首先通过研究背景的介绍，结合当前国家重大发展战略和投资理念提出需要探讨的问题，进而评述国内外学术界在本领域的研究状况和争论，了解主要研究方法，借鉴其参考意义，发现其不足之处，作为研究起点。根据以上研究目标和研究内容的设计思路，采用理论研究和实证分析相结合的方法来探索前沿问题数字化转型，为实现研究目的设计技术路线如图 1-1 所示。

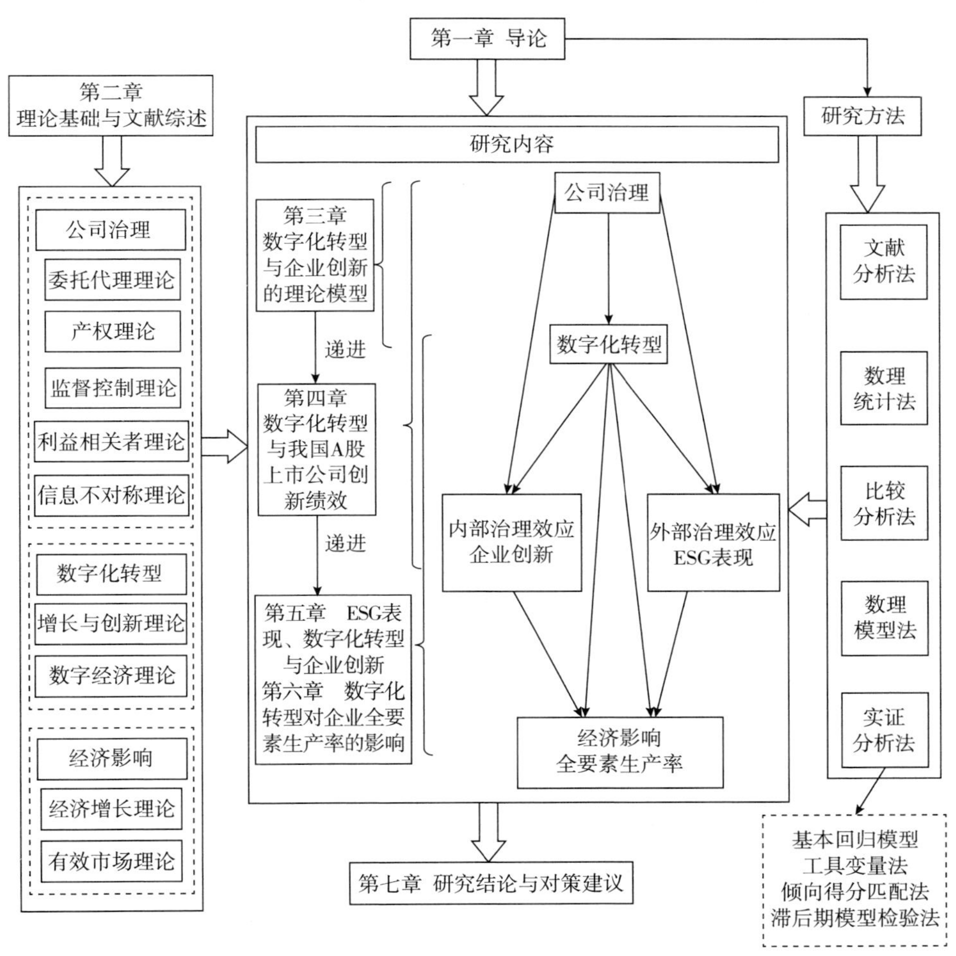

图 1-1 本书的技术路线

第一章介绍研究背景，结合研究背景提出研究的问题，总结研究方法和研究思路，说明研究的创新点和不足之处。

第二章进行文献综述和理论基础梳理，通过文献回顾梳理数字化转型这一新兴研究领域中尚未被充分讨论的议题，结合对企业创新、公司治理、内外部治理效应的文献梳理，分析数字化转型与企业创新之间的关系，评析数字化转型的内部治理和外部治理研究现状，得出数字化转型公司治理效应可能的经济影响，为研究奠定较好的文献基础，提炼出数字化转型的内部治理效应（企业创新绩效）和外部治理效应（ESG 表现）、数字化转型产生的经济影响。本章为第四、第五和第六章的实证分析奠定理论基础，委托代理理论、产权理论、监督控制理论、利益相关者理论、信息不对称理论等为公司治理和内外部治理效应的研究奠定理论基础，数字化转型的研究以创新理论和数字经济理论为基础，企业全要素生产率的研究以经济增长理论为基础。

第三章通过分析数据的经济属性，构建了一个中间投入要素多样化的创新模型，分析企业增加数字化研发促进的数字化转型如何影响公司创新以及生产率提升。

第四章以 2011~2021 年我国 A 股上市公司为样本，实证分析了数字化转型对企业创新绩效的影响，并在不同产权属性、不同规模、不同生产要素密集度的企业之间进行了异质性分析，以及展开内生性讨论。从公司治理的内部治理效应着手实证研究数字化转型对企业产生的治理效应，结合第三章的研究结论对数字化转型影响企业创新进行机制分析，探究数字化转型战略的实施是否能提升企业创新投入、创新产出、创新效率。

第五章利用我国 A 股上市公司数据与华证 ESG 评级数据，重点分析企业 ESG 表现作为公司治理外部治理效应的内化对企业创新绩效的影响；并进一步考察数字化转型在其中的作用。与既有文献相比，本章可能的创新之处在于：①揭示了 ESG 表现对企业创新产出和创新效率的影响；②利用调节效应模型厘清了数字化转型能够促进 ESG 表现对企业创新活动的积极作用；③研究了所有制异质、地区异质、污染异质、技术密集度异质情况下，ESG 表现提升企业创新绩效的程度差异；④有助于社会各界更好地理解 ESG 理念和数字化转型的关系以及对于企业发展的重要意义，有利于企业加强 ESG 责任履行和推进数字化转型。

第六章以 2011~2021 年我国 A 股上市公司为样本，实证分析数字化转型水平对企业全要素生产率的影响，并探讨影响程度的异质性和作用机理。结合第四章的研究结论，从机制分析的角度探究数字化转型通过内部治理效应提升全要素生产率的中介效应。创新性地从中宏观角度（CSMAR 综合指数）和微观角度（文本挖掘）刻画企业数字化转型水平，证实了数字化转型指数对全要素生产率的积极影响，结论具有较好的稳健性。通过异质性分析证实数字化转型具有规模经济特征，西部地区则可能借助数字化转型缩小经济发展差距。分析了创新产出的部分中介效应，丰富了对数字化转型作用机理的理解。有助于政府有关部门在推进数字化转型、引导区域均衡发展和企业高质量发展中精准施策。

第七章结合前六章的研究结果以及我国正在大力推行的数字经济战略，总结核心结论，并梳理出相应的对策建议。

第三节 研究创新与研究不足

一、研究创新

本书可能的创新与贡献主要体现在以下几个方面：

第一，数字化转型属于数字经济理论研究范畴，国外研究以理论分析为主，实证分析研究成果较少且主要集中在近几年。现有实证研究主要从宏观数字经济、数字金融角度研究数字经济对经济的促进作用以及对国家层面、区域层面或产业层面的意义，但从活跃的微观经济主体即企业角度研究数字化转型对企业创新影响的实证研究还较少，本书在微观层面补充数字化转型这一新兴研究领域的实证研究。

第二，数字经济处于高速发展阶段，促进企业实施数字化转型是国家数字经济战略规划的重要部分，但是企业数字化转型具体会带来什么影响还没有被充分论证，本书通过实证研究数字化转型对企业全要素生产率的提升证实了数字化转型对于提升劳动生产率的重要作用，验证了人们对于数字化转型提升企业生产效率的预期，为数字化转型相关政策的制定提供经验性证据支持。

第三，区分内部治理效应和外部治理效应。内部治理效应体现在鼓励正面行为即企业创新水平的提升，针对创新水平，深入探究了数字化转型对创新投入、创新产出和创新效率的促进作用；外部治理效应体现在 ESG 理念的广泛实践将环境保护、社会责任履行等具有良好外部效应的企业行为内部化，使企业更好地维系外部网络，降低运营和创新成本，ESG 理念也可以缓解委托—代理问题，促进经理层和股东的激励相容，提升风险承担意愿，促进创新活动。在公司治理效应方面，从内部和外部两条逻辑线分别进行实证检验，充实了数字化转型与公司治理效应的相关研究。

第四，按照“公司治理（制度基础）—数字化转型（战略变革）—企业创新水平（内部治理效应）—ESG 表现与创新水平（外部治理效应的内化）—企业全要素生产率（经济影响）”的逻辑主线，系统性地、层层递进地研究了数字化转型与企业创新之间的关系，在数字化转型的公司治理效应方面进行了补充。

二、研究不足

本书的理论分析和实证检验分析较为充分，符合学术文献的严谨性和逻辑性，研究思路层层递进，也使用较多检验方法来确保研究结论的稳健性和可靠性。本书针对数字化转型与企业创新之间关系的研究取得一定的成果，但由于数字化转型仍然处于高速发展期，上市公司的数字化转型比例还不够、发展还处于初级阶段，随着技术革命与企业应用的深度结合，可能产生更多的治理影响。受限于时间和研究数据的可得性，本书仍然可能存在以下研究不足和可继续深入探索的空间：

第一，数字化转型程度是本书核心的变量之一，针对该变量的度量，使用国泰安数字经济数据库提供的数据，采用数字技术对年报进行文本分析获取关键词的方法，上述度量方法相对专家评分法、问卷调查法等更为客观和量化，但毕竟数据源于上市公司公布的年报，可能存在如下不足：有的数字化转型的上市公司未在年报中充分披露，年报中的关键词是显性的指标，而数字化转型程度可能体现在公司文化、员工数字化思维、工作流程数字化等隐性方面，无法通过文本分析获取该综合信息。要全方位获取数字化转型程度指标除了年报之外可能还有其他数据获取途径。后续随着数字技术应用的不断深化，数字化转型程度变量将有更科学、更全面的度量方法。

第二，在内部治理效应方面，主要选取企业创新水平作为内部治理效应的代表进行研究。内部治理效应可以体现在很多方面，如内部控制水平、战略实施效率、风险管理水平、数字化企业文化、运营效率、业务协同效率等，后续可以在内部治理效率方面进一步探索。

第三，在外部治理效应方面，主要选取 ESG 表现作为外部治理效应的代表进行研究。外部治理效应有更多的探索空间，如市场关注度、信息披露水平、监管部门的惩戒情况、政府政策的享受程度、社会公众对公司产品的评价、新闻报道中正面报道和负面报道的细化研究、其他利益相关者如行业协会和非营利组织的关注度等，后续可以在外部治理效应方面进一步深入。

第四，在经济影响方面，从上市公司高质量发展的角度探究数字化转型对企业全要素生产率的影响。数字化转型还可能导致更多的经济后果，可能表现在公司自身价值上如托宾 Q 值（李小玲等，2020）、净资产收益率等，在资本市场表现上结合行为金融学相关理论如股票流动性（吴非等，2021）、股价崩盘风险（吴非等，2020）、股价同步性、羊群效应、投资者情绪等。

第二章　理论基础与文献综述

本章围绕着企业数字化转型和企业创新梳理相关的国内外文献，分析数字化转型与公司治理效应之间的关系，进而得出公司数字化转型过程对于公司创新的影响，并对上述文献进行综合述评，为后文的研究奠定基础。

本书研究数字化转型的创新效应，涉及经济学、管理学、金融学等多种学科，同时企业组织、公司治理、资本市场等较多理论可以为本书奠定理论基础。本章分别从委托代理理论、产权理论、信息不对称理论等公司治理理论以及创新理论和数字经济理论几方面来阐述研究的理论基础。

第一节　数字化经济与数字化转型

一、数字经济理论

数字化转型在推动经济高质量发展过程中具有关键性作用。随着数字化转型突飞猛进的发展，数字化呈现指数化增长，大数据的产生激发了与之相关的多样化概念，逐渐成为数字化转型时代不可缺少的重要财富。依托信息和通信技术发展的技术产业对经济发展的影响力逐渐增强。随着经济的快速发展，人们越来越意识到市场在资源配置中所起的重要性，而数字化转型在完善资源配置方面发挥巨大作用。数字经济是新兴的概念，学术界对数字经济理论的相关研究主要从数字经济的内涵、特征及其对经济、产业发展的影响等方面展开。早期的研究主要集中于数字经济的本质、内涵和特征方面。

Varian（2019）对数字经济学和机器学习进行了一般性讨论，他强调数据是非竞争性的，并提到了“数据是新石油”的普遍观念。Varian 指出，这种非竞争性意味着“数据访问”可能比“数据所有权”更重要，并表示虽然目前数据市场相对有限，但某些类型的数据（如地图）由数据提供商授权给其他公司。作为经济活动副产品的数据在信息经济学文献中也有类似的例子，如 Veldkamp（2005）、Fajgelbaum 等（2017）以及 Bergemann 和 Bonatti（2019）的研究。Arrieta-Ibarra 等（2018）强调“数据即劳动力”的观点：数据是许多科技公司的关键要素，但人们可能不会因为他们提供的数据而得到足够的补偿，这可能是因为市场势力方面的考虑。

Acquisti 等（2016）讨论了隐私经济学以及消费者如何重视其数据隐私。Miller 和 Tucker（2017）发现让用户控制再披露的隐私方法可鼓励基因检测的传播。Ali 等（2004）研究了消费者向公司披露个人信息以及随之而来的定价和福利影响。Goldfarb 和 Tucker（2011）强调了隐私与在线广告有效性之间的权衡。Abowd 和 Schmutte（2019）强调隐私不是二元的，通过选择使用多少数据，就可以控制隐私披露的程度，他们因此提出了一个差异化隐私框架，以产生尊重隐私问题的社会最佳数据使用效果。文本具有密集的数据使用余量和相应的权衡。

Farboodi 和 Veldkamp（2020）强调数据是可用于减少预测误差的信息，暗示了数据回报是有界的生产函数，并研究了扩大金融市场数据访问权限的影响。Begenau 等（2018）研究表明，大数据的获取降低了大公司相对于小公司的资本成本，导致公司规模不平等加剧。Acemoglu 等（2022）重点关注隐私和数据市场，指出关于某个人的数据可以体现他人的一些特征，这就蕴含了外部性，在某些情况下，上述外部性可能会导致数据市场崩溃。

Agrawal 等（2019）概述了机器学习的经济学。Bajari 等（2023）研究了数据量如何影响亚马逊产品类别的每周零售销售预测，发现对给定产品的预测随着该产品数据周数的平方根而提高。然而，随着该类别中产品数量的增加，对给定类别的销售预测似乎并没有太大改善。Carriere-Swallow 和 Haksar（2019）指出，征信机构是一个长期存在的市场机构，它促进了非竞争数据的广泛使用。Hughes-Cromwick 和 Coronado（2019）将政府数据视为公共产品，并研究其对美国企业的价值。

张鹏（2019）认为数字经济是经济系统中技术、组织和制度相互作用过程中的宏观涌现，在这一过程中，人类经济活动的特征是基于技术进行资源的配置优化，而人类经济活动的高度协调和互动能够对新的生产组织方式不断塑造并促使上述组织方式不断演化，这些共同构成了数字经济的本质。数字经济同时包含技术层面和经济层面的内涵，是一种从技术角度区分的经济概念。数字经济区别于传统经济，其包括高增长型、颠覆性创新等方面的内涵。数字经济是通过信息技术推动生产力增长、技术性创新和优化经济结构的新型经济类型。

中国正处于经济高质量发展阶段，学术界对数字经济的研究主要表现在其对经济高质量发展的影响方面。荆文君和孙宝文（2019）从微观、宏观两个方面出发，探讨了数字经济与经济增长的关系，同时探讨了数字经济促进经济高质量发展的内在机理。另有学者从大数据赋能、数字经济与实体经济融合、政策供给体系、数字金融等各个角度研究了数字经济对经济高质量发展的影响机制。因此，数字化转型能够在有效市场中发挥重要作用，实现有效信息的识别、整合和运用。

数字普惠金融发展水平在一定程度上反映了区域数字经济发展水平和人们的数字化思维普及程度。聂秀华和吴青（2021）、李宇坤等（2021）、江红莉和蒋鹏程（2021）、陈中飞和江康奇（2021）、王霄等（2021）、陈利等（2022）发现数字普惠金融的发展强化了市场作为资源要素配置中“看不见的手”的作用，对企业创新能力和全要素生产率的提升发挥正面治理作用。同时数字金融对公司正面行为产生促进作用，对公司经营效率和治理效率的提升发挥正向治理功能，如提升公司成长性（马广奇和陈雪蒙，2021）、提高投资效率（张友棠和常瑜洺，2020）、提高公司透明度（吴桐桐和王仁曾，2020）。数字金融的发展也对公司的负面行为发挥着抑制作用，如降低企业非效率投资水平（王娟和朱卫未，2020）、抑制企业短贷长投的行为（翟淑萍等，2021）、降低企业金融化水平，从而抑制企业“脱实向虚”（陈春华等，2021）、反向影响公司融资约束（梁榜和张建华，2018；袁鲲和曾德涛，2020；梁琦和林爱杰，2020；马广奇和陈雪蒙，2021）。

数据在经济中的重要性日益凸显。更强大的计算机和机器学习等算法的进步导致数据的有用性呈爆炸式增长，如自动驾驶汽车、实时语言翻译、医疗诊断、产品推荐和社交网络。从更微观的角度来看，Ali 等（2004）研究了在搜索和匹配去中心化市场中非竞争信息的销售，并强调由于信息利用不足，非竞争会产生低效率。Akcigit 和 Liu（2016）在增长背景下展示了某些研究路径导致死胡同的信息如何具有社会价值，以及如果这些信息不在公司之间共享，经济将如何遭受低效的重复研究。

Acemoglu 等（2022）研究隐私和数据市场，指出数据的外部性可能会导致数据市场崩溃及大量隐私损失，因为人们可以低价出售各自的数据。他们怀疑这些问题对于某些类型的数据可能很严重，如健康或社交媒体信息，但对于其他类型的数据则较小，如语音识别或驾驶数据（或者只要数据可以充分匿名并且没有不利影响）选择问题。Hughes-Cromwick 和 Coronado（2019）将政府数据视为公共产品，并研究其对美国企业的价值。

Wen 等（2022）指出数字化转型正从服务业向制造业渗透，并日益成为企业经营决策的重要因素。基于 A 股制造业上市公司的数据，他们考察了制造业数字化与企业创新投资之间的关系。经验证据表明，制造业企业在数字化转型过程中显著增加了创新活动的投入，并且在采用一系列稳健分析克服内生性后，这一结论仍然有效。数字化转型对制造企业的市场竞争战略也产生了间接影响。制造业数字化显著促进了企业实施差异化竞争战略，同时抑制了成本竞争战略的实施。生存能力较高的制造企业为更适应数字化转型，倾向于实施差异化竞争战略。因此，无论经营规模、所有权、生产率如何，生存能力更强企业的创新激励效应都更大。这些研究结果为促进制造业数字化转型与创新发展的融合提供了有益的政策启示。

Liu 等（2023）探讨了制造业企业从数字创新中获利的潜在机制和制度条件。基于可供性（Affordance）理论，他们提出数字技术通过创新速度和运营效率对制造企业绩效产生积极影响。此外，数字和制度支持之间的相互作用表明，知识产权（IPR）保护制度（知识产权制度及其执行）负向调节采用数字创新与创新速度以及运营效率之间的关系。

二、数字化转型

随着“全数字化”概念的提出，即在企业价值创造的全流程中，数字化技术在每个环节如变革业务模式、提升客户满意度、提高运营效率等都发挥着重要的作用。Turber 等（2014）提出企业面临的环境往往是复杂、动态变化的，在融合数字化过程中应对不断变化的环境，企业需要迅速做出反应，这就要求企业进行数字化转型来解决和应对由外部变化带来的挑战和机遇，如国家宏观政策调控、突发公共危机事件、组织架构重组、业务流程革新等，学者们开始逐步聚焦在数字化转型的研究中。Cameron（1986）提出企业转型是指企业的经营模式的变革，Levy 和 Merr（1986）认为企业转型是指为了一定的战略目标进行组织流程重组和再造，以实现稳定可持续的发展。国内外学者对企业转型研究的深入、全面和系统化为数字化转型研究打开了新的视野和方向。瑞士 IMD 商学院和思科（Cisco）联合研究中心定义数字化变革为一个组织借助数字化技术和数字业务让商业模式发生重大变化的过程，其目的是提高企业的绩效。Vossen 等（2017）将数字化转型划分为客户体验转变、商业模式、运营流程三个维度，并进行细分包括客户触达点、市场增长、客户理解、流程信息化、绩效管理、工作效能、数字化转变、数字全球化、新型数字业务 9 个要素。Jansson 和 Andervin（2018）从数字化转型的内涵维度出发提出，数字化转型是指组织为了适应新的目标来对组织的流程重新调整，如达成新技术的投资、商业模式的转变以及新的价值流程的创造，同时指出数字化转型是循序渐进的过程，包含六个阶段以及一个成熟度模型，数字化转型是组织在时代激烈竞争中进行的适应性过程。

对于处于现阶段的中国企业，数字化转型既是危机也是机遇，应该积极地应对和转型，这关系着未来的稳定发展。Winkelhake（2019）提出企业数字化转型是以战略目标为背景，以企业文化为宣导、数字化平台技术为工具、商业模式为框架、IT 服务为重要举措，这四大支柱是企业数字化转型的总框架，数字化部署的效能和速度在数字化转型中也十分重要。Kai 和 Uhlig（2015）提出在理解数字化本质的过程中要从技术角度和客户利益角度来思量企业创造的产品、流程、制度和服务。近些年的财富 500 强中，以科技为主导型公司占据主要的地位，说明数字化产品逐渐变成经济增长的主流形式。企业若想创造价值，不仅在于使用数字化，也要对数字化转型和创新重视，思科提出数字化转型应该着重体现在三个领域：一是客户的体验，通过全方位获得客户的体验，才能提供个性化的服务和产品，提高客户黏性；二是业务模式，在数字化转型战略中要创新业务模式，通过智能化技术和手段来增加获取信息的途径，尽可能减少由于信息不对称带来的损失，灵敏地感知市场的变化，快速对其作出应对；三是对内部员工，员工的创新意识和能力至关重要，增强其对数字化工具的运用、创新能力，让数字化成为工作中的重要工具，打破部门壁垒，促进组织的扁平化发展，更加快速、积极地处理工作。

从经济学角度来看，企业转型应该在企业规模经济中进行解释。从技术角度来看，转型即转变，是从单纯的信息技术转变成适应当今时代的新一代智能化技术，实现数字化技术的更新换代和应用场景的拓宽和升级。企业数字化是指企业以战略为目标，结合内外部环境，利用数字化技术将产品、服务、流程等结合统一，达到现有商业模式和价值链价值增值的效果，从理论构建到生产、营销和使用等阶段，数字化是贯穿企业全流程的。叶成刚（2018）基于价值链角度认为数字化转型的内容应包含产品的研发和制造、物流仓储、数字工厂和售后四个环节及八个核心业务，主要强调数据平台的建立和全价值链数字化的运营。沙莎（2019）则认为数字化转型不仅是指技术的转型，也不仅仅是指 App 或者算法等，是关系着一个企业的整体转型，是对客户价值、流程增值、企业文化、工作效率和模式等的重新定义。丁国祥（2017）认为企业数字化转型包含三个阶段：第一个阶段是起步阶段，包括业务流程再造和平台信息化；第二个阶段是成熟阶段，数字化转型在企业管理和商业模式中发挥支撑作用；第三个阶段是数字化赋能阶段，运用数字化、云计算、物联网、区块链、大数据等在内的智能化技术，彻底转变管理思维和思路，提升以信息技术为主的流程和模式创新。苗力（2018）指出企业数字化转型的过程其实就是业务流程转型，数字化转型的特征主要体现在战略思维、管理形式、流程、企业形态、组织输出五个方面。荆浩等（2022）在总结数字化转型路径的基础上，认为信息资产是企业业务的核心，数字化转型的过程是企业对数字化开发利用和能力提升的过程，数字化转型路径是企业文化重塑和流程再造的过程，是企业增强核心竞争力的过程。石姝莉（2016）认为通过构建数字化系统作用机制模型，可以得出企业内部治理和外部环境制约数字化转型的影响因素，并提出在新领域模式、竞争合作模式、扩大组织边界模式三种企业数字化转型的路径。Li 等（2018）在对中小企业电商数字化转型的分析中认为，在管理中通过更新管理模式、社会资本开发管理、组织文化、团队建设和能力建设四个方面可以提升企业的数字化转型。

第二节　创新理论与全要素生产率

回顾各国的经济发展历程，经济发展和经济转型离不开创新，创新理论逐渐成为学术界关注的重点。创新理论的创始人是熊彼特，在 20 世纪初，熊彼特在其《经济发展理论》一书中首次提出了“创新”一词，并对创新的定义、内容、结构、要素、影响因素和功能进行了系统的研究和解释。熊彼特认为，创新是社会经济发展的本质要求，创新也是变革，这是发展的需要。创新的本质是在生产活动中构建新的生产函数，并且这种生产函数是新的或对原有的生产函数进行调整或改变，输入生产要素、方法和管理思想，对生产要素进行重组以产生价值。生产创新的主体是企业家，企业家的职责和责任就是创造新的生产函数，实现投入生产要素的重组，以实现企业的目标。此外，熊彼特还提出了企业家创新意识、创新认知和创新能力的重要性，并界定了企业家精神的概念，为后续企业家研究、企业家创新能力提升奠定研究基础。

熊彼特对创新的定义分为五种：生产新产品、采用新生产方法、新原材料来源、开拓新市场和建立新组织。这五层含义也是生产的环节，任何一个环节的创新都是为了节省组织成本或者提高组织的生产价值。熊彼特非常重视生产中的技术和组织创新，他认为技术进步对生产的发展至关重要。他把经济分为增长和发展两个维度。资本和人口增长带来的经济增长不能称为发展，而只是简单地增长。无论是技术创新还是组织创新，经济增长才可以称为发展。可见熊彼特对技术创新的重视，为他后来的研究提供了研究方向。熊彼特认为，工业生产创新是一个完整的系统，主要包括企业创新系统、国家创新系统、区域创新系统三个阶段。

根据熊彼特的创新理论，结合经济增长理论，可以把增长理论大致区分为：外生经济增长和内生经济增长。

外生经济增长理论属于新古典经济增长理论。新古典经济增长模型的代表是Solow（1956）提出的相关模型，索洛模型指出经济增长受到外部力量——技术进步的影响。相对经济增长模型而言，科学技术是外生给定的，即作为外生变量对经济发展发挥作用。在上述模型的生产中，只有劳动力和资本两种投入要素，这两种投入要素是替代关系。索洛模型揭示了：如果没有技术进步，经济就不会可持续增长。该模型可以讨论产出的国别差异，但无法讨论各国经济和世界经济的增长。

只有引入外生的技术进步，索洛模型才能产生人均产出的增长。但此时，一切都由技术进步所驱动，而技术进步本身却是外生的，犹如一个黑箱，外生于模型和经济激励的影响。如果技术进步是问题的核心所在，这就要求经济学家们必须研究并理解什么因素引致了技术进步，什么因素能促使企业和社会发明更好的技术，以及什么因素诱导企业和社会采用这些出众的技术。

虽然索洛模型给出了一些重要的见解，但是该模型将大部分对经济增长机制的解释都置于暗箱之中。增长只有通过技术进步才能获得（除非在一个特殊的、不存在资本收益递减的AK模型中），但是技术进步却不在模型内决定。另一个决定国家间收入差异的重要因素是储蓄率，但在索洛模型中储蓄率也是外生决定的。拉姆齐模型通过引入家庭的偏好打开了储蓄和资本积累这个暗箱，可以将储蓄与偏好、技术和经济中的价格联系起来。但该模型和索洛模型的基本结论是一致的，那就是经济增长来自技术进步，但这两个模型都没剖析技术进步的来源。于是就诞生了探索技术进步源泉的内生增长模型。

内生经济增长模型认为，创新是内生的、技术创新源于知识的积累，知识是内生因素，知识具有溢出性。内生经济增长模型的一个显著特征是研发支出和投资都是利润导向的，反过来这也决定了经济体的技术变迁的速度。Romer（1990）在一篇奠定他获得诺贝尔奖的论文中指出：思想的非竞争性导致收益递增。内生经济增长模型的基本论点在于：如果希望将任何给定商品的产量翻倍，一种方法是完全复制成熟的生产设置，即在相同的土地上建立相同的工厂，并使用相同的机器和工人。如果一切都被精确复制，应该可以得到双倍输出。请注意在这个复制过程中，只有竞争性的生产要素需要被复制，而有关生产的这个想法（设计、蓝图等）是非竞争性的，因此新工厂使用了完全相同的生产集。这意味着对竞争要素的投入有持续的规模回报。在想法不断演进和拓展的过程中，只要新出现的某个想法的边际产出是正的，那么想法和竞争要素的综合收益就一定会增加。

这些模型的一个显著特征是研发支出和投资都是利润导向的，反过来这也决定了经济体的技术变迁的速度。Romer（1986）模型包含的是“知识积累”，这种积累不是有目的的经济活动的结果，而是其他决策的一种副产品。而新一代的内生增长模型，无论是水平创新还是垂直创新都强调利润对技术选择的重要影响。

简言之，生产力就是生产效率，即从给定的一组投入中获得多少产出。因此，它通常表示为产出—投入比率。单因素生产率衡量指标反映了每单位特定投入所产生的产出单位。劳动生产率是此类最常见的衡量标准，尽管偶尔也会使用资本甚至材料生产率的衡量标准。当然，单因素生产率水平受到使用强度的影响。如果两个生产者碰巧更加密集地使用资本，如因为他们面临不同的要素价格，那么即使他们拥有相同的生产技术，两个生产者的劳动生产率水平也可能有很大不同。因此，研究者经常使用与可观察要素投入的使用强度无关的生产率概念，该衡量标准称为全要素生产率（TFP）（有时也称为多要素生产率）。从概念上讲，全要素生产率的差异反映了生产函数等产量线的变化：一组固定投入产生的产出的变化。

与全要素生产率较低的企业相比，全要素生产率较高的生产商在相同的可观察投入下会产生更多的产出，因此等产量线向上向右移动。导致要素强度差异的要素价格变化不会影响全要素生产率，因为它引起沿等产量线的变化，而不是等产量线内的变化。

在常用的生产函数公式中很容易看到TFP，其中产出是可观察投入的函数和希克斯中性技术的乘积：

$$Y_t = A_t F(K_t, L_t, M_t) \tag{2-1}$$

其中，Y_t是产出，$F(\cdot)$是可观察投入资本K_t、劳动力L_t和中间材料M_t的函数，A_t是要素中性技术。在这个表达式中，TFP是A_t。它刻画了产出的变化，而这些变化不能通过 $F(\cdot)$ 作用的可观察投入要素的变化来解释。从本质上讲，TFP 是一种剩余。与所有残差一样，它在某种程度上衡量了研究者的无知，即为产出的变化中无法根据可观察的投入要素的变化来解释的部分。

实证研究中常常通过估计生产函数来估计弹性 α_j。在这种情况下，TFP 只是常数和残差的估计总和。在柯布—道格拉斯案例中，估计方程为：

$$\ln Y_t = \alpha_0 + \alpha_k \ln K_t + \alpha_l \ln L_t + \alpha_M \ln M_t + w_t \tag{2-2}$$

因此，TFP 估计值为 $\hat{\alpha}_0 + \hat{w}$，其中第一项在生产函数中是常见的（通常在行业层面估计技术），第二项对于特定生产者是有差异的。

第三节　数据的经济特征

信息技术的最新发展使数据的三个经济特征更加突出。反过来，如果没有适当的政策，每一个特征都可能会破坏经济效率、公平和稳定性。

一、非竞争性

数据的数字化以及跨网络传输数据的能力几乎消除了复制和传输的成本，从而使数据越来越具有竞争力。与大多数其他商品相比——但与其他类型的信息一样——一个行为人对数据的使用不会削弱其他人使用数据的能力，即使是同时使用也是如此。正如笔者将在下一节中描述的那样，这一强大的特性有望通过数据共享实现规模和范围的增加回报。当数据在生产中激增时，更大的公司往往会更有生产力。这些规模收益是在公司内部还是在公司之间利用将对市场结构和竞争产生影响。

Varian（2019）强调数据的非竞争性意味着它很少像其他商品或服务那样被买卖，而是被许可用于特定用途。控制数据的相关经济问题更多的是访问而不是所有权。一个含义是，在人们拥有一个高效和负责任的数据市场之前，人们需要就谁控制它达成一致——谁可以访问它，谁不能——这样它的好处就可以公平地获得和分享，并且在成本、安全性和隐私方面进行权衡。

Jones 和 Tonetti（2020）提出了一种增长模型，其中数据作为公司生产函数的输入，它是作为经济活动的副产品而创建的。但与其他投入（劳动力、资本、土地或石油）不同，它们强调数据是非竞争性的。数据的非竞争性的一个重要含义是，从社会的角度来看，数据被广泛共享是可取的。

Jones 和 Tonetti（2020）警告说，这一结果通常与数据处理者的私人激励措施不兼容，然而，他们倾向于不断积累他们收集的数据，目的在于获得优于竞争对手的优势并避免来自潜在进入者的竞争，现有企业很可能通过限制其他企业或个人对数据的访问来保护其相对于潜在竞争对手的数据优势。与在更广泛的共享下可以实现的目标相比，这将大大降低数据带来的增长收益。

二、隐私外部性

通过网络共享数据并将其公开给全球受众的能力增加了其隐私影响的显著性。数据主体可以通过共享其个人数据获得重要利益，包括提供创新服务和更多定制产品。

但是当数据主体不知情时，对其个人数据做出的决定可能会产生外部性。这些外部性通常是负面的，使用个人数据通过两个渠道对数据主体施加不利影响。一是数据共享本质上会破坏数据主体对其个人特征或行为保密的偏好；二是获取个人数据的经济主体可能会战略性地使用个人数据来从数据主体那里获取租金。

为了使市场有效运作，必须权衡披露数据的好处与减少隐私可能带来的危害。正如 Acquisti 等（2016）所强调的那样，隐私不应被狭义地理解为阻止个人信息的共享，而是让数据主体控制他们共享的内容。如果数据收集者和处理者的经济决策中没有将隐私内化，市场将倾向于收集过多的个人数据和对隐私的保护不足。为了使数据市场内部化这种外部性，必须充分赋予数据主体以权利。

一个关键问题是，鉴于披露个人数据给消费者和市场带来的巨大利益，授予严格的用户控制权是否会导致他们在大多数情况下停止共享数据，这可能会使某些服务不可行并扼杀未来的创新。在授予用户对其数据的控制权制度中，数据处理者必须让消费者清楚地了解所提供服务的价值，以换取授予数据访问权。

如果服务的价值被认为很小，数据主体可能会要求经济补偿以参与交易。或者一些司法管辖区已考虑建立某种形式的数据红利计划，从而自动与用户共享数据处理器获得的部分租金。

匿名化等技术能否在保持足够隐私的同时实现数据访问的好处，从而实现双赢？在一些应用程序中，数据分析可以提供有价值的见解，而无须单独识别数据。考虑训练人工智能来驾驶自动驾驶汽车、识别特定物体的图像、基于 X 射线或验血进行医学诊断，或者基于匿名数据研究新药的效果。所有这些应用程序都依赖大量数据来训练算法，但不需要将数据与个人相关联。但在许多应用中，数据的价值通过匿名化大大降低。一个原因是，尽管匿名数据仍然可以用作某些分析任务的输入，但它通常不再减少信息不对称。在许多情况下，保持数据的私密性将涉及效率成本。Posner（1981）强调过度隐私保护的效率成本，因为隐瞒重要信息的个人可能对其同行造成重大伤害。

数据隐私外部性有多大？一方面，声誉效应可能会为公司创造私人经济激励，以确保其服务旨在尊重和保护其用户的隐私。对于一家以数据为基础的公司，在保护用户数据方面被视为松懈的风险，无论是数据泄露还是误导性隐私政策的披露，都可能会导致用户限制与公司共享他们的数据。另一方面，重视隐私本质上是困难的，即使对一个人来说也是如此。对隐私文献的研究发现了一个明显的隐私悖论，即个人在其行为中对其隐私的重视程度远低于他们在调查中被要求给予主观价值时的重视程度。

一个常见的例子是在线平台要求其用户在使用其服务之前接受其电子披露（即“我同意”的选项）。虽然很大一部分人非常担心一家公司分享他们的私人信息，但几乎所有人都愿意同意这样做，以换取最基本的“免费”在线服务。

但这里的一个重要挑战是，在多大程度上给予的同意是真正知情的，以及数据主体对他们所表达的选择拥有代理权。在讨论有关消费者对隐私的既定估值的调查证据时，Winegar 和 Sunstein（2019）认为，信息不足和行为偏见使这些估值无法说明隐私的真正经济价值。

三、部分排他性

到目前为止，本书假设数据的访问和控制问题是一种选择。然而，技术使通过易受网络攻击的互联系统复制和传输数据变得便宜。与古代石碑相比，现代经济中使用的数字化数据只是部分排他性的。人们可能会规定数据交易仅涉及两方，但技术可能会使这在实践中难以执行且成本高昂。

可以肯定的是，通过将数据离线存储在安全、隔离的系统上，数据几乎可以完全排除安全风险，但这将大大降低数据的商业和社会价值，特别是在需要实时数据的应用中，如物流、金融交易和有针对性的在线广告。在实践中可能存在一系列选项来管理反映经济主体做出的决策以及技术因素的数据排他性。经济主体可能会通过雇用工程师来保护他们的网络，或通过培训他们的员工使用良好的网络卫生来保护数据，从而产生可变成本。实施加密或部分匿名数据可能会产生更多成本。因此，数据收集者和处理者面临着这样一个经济决策，即在网络安全方面投资多少，以保护他们的商业数据和他们持有的关于消费者的个人数据。

私人数据收集者和处理者有动机承担成本以保护其数据免受损坏或滥用，限制获得战略资产对于保持相对于竞争对手的比较优势非常重要，避免损害作为客户数据好管家的声誉对于支持对其服务的需求可能很重要，最后，滥用个人数据对客户造成的伤害可能会给公司带来责任。

然而，投资数据安全的私人激励措施不太可能导致网络安全投资达到社会最优水平（Kashyap 和 Wetherilt，2019）。非竞争性和部分排他性使私人合同难以执行，因为数据滥用造成的损害很难追溯到具体的违规行为。因此，对隐私不足或网络安全不足的看法涉及外部性，因为个体代理人的投资决策将影响对经济体数据安全的整体信任。通过降低信任度，从而降低用户共享数据的意愿，处理不当的数据集对系统造成的损害可能超过对每个数据主体造成直接损害的总和。

第四节　公司治理相关理论

公司治理也称公司治理机制、公司治理结构等。国内外学者主要从以下角度界定公司治理概念，并相应地提出委托—代理理论、产权理论、监督控制理论、利益相关者理论和信息不对称理论。

根据 OECD 的《公司治理准则》，公司治理为公司提供了一个框架，帮助它们确定发展目标、实现这些目标的手段以及监测其执行情况，其目的是提高金融效率和增强投资者的信心。治理标准以监管、法律和体制框架为基础，涉及所有权和控制权分离引起的治理问题。公司治理制度，包括对公司管理层、董事会治理结构产生影响，受控股东可能对公司的战略决策和行为产生重大影响。虽然个别股东并不寻求控制公司，但他们对董事会和管理层的公平待遇深感关切；机构投资者发挥着越来越重要的作用；政府为治理建立了宏观经济和法律框架，员工和其他利益攸关方在公司的长期发展和利益分享方面也发挥着重要作用。

公司治理制度的有效性体现在微观和宏观层面。微观层面需要确保公司作为一个生产性组织在运行中追求自己的目标，传统概念将此目标认定为股东价值最大化，良好的治理就是在追求股东价值的过程中确保决策的制定和实施，利益相关者理论则倡导将公司目标拓展至与公司关联的其他利益。宏观层面要求建立一个能够产生足够信任的治理制度，以使私人储户通过经济活动融资向当地企业提供资金，储蓄被疏导在生产效率高的经济活动中，优化资源配置，最终决定了一个国家的繁荣。

一、委托—代理理论

委托—代理理论是微观经济学的一个重要分支。它是美国经济学家 Berle（1932）在 20 世纪 30 年代为解决企业管理中股东与管理者之间的矛盾而提出的。其主要思想是鼓励经营权和所有权分离，这一理论对企业管理的研究有很大的影响，现代企业管理也是从委托—代理理论发展而来的。Jensen（1993）认为委托—代理关系实际上是委托人或业主指定代理人代表业主或委托人的利益进行一系列活动，从而形成契约关系。该理论建立在西方经济学理性经济人假设的基础上，代理人和委托人都追求自身利益的最大化。委托—代理理论的核心观点是建立一套有效的激励机制，激励代理人为委托人实现目标，在动态博弈中实现双赢。激励机制的作用是平衡委托人和代理人的利益关系，可以是报酬或衡平法等。具体来说，工业革命后社会生产力得到了极大的释放，企业也得以扩大规模，逐步出现规模经济，进一步深化了社会分工，并逐步对管理模式和组织结构提出了要求。在这一过程中，为了降低成本，提高效率，企业进一步细化了生产经营分工。精细化程度越高，对工人的专业技能和人员素质的要求也就越高，再加上生活规模的不断扩大，企业主受到自身管理能力和精力的限制，无法高效、有效地管理和经营企业。

在 Berle（1932）提出委托—代理理论之后，Baumol（1959）提出了经理型企业理论，Simon（1959）提出了行为型企业理论。通过对委托人与委托人之间利益关系的研究，开创了激励理论和委托—代理理论。Atanasova 和 Wilson（2004）在激励理论的基础上进一步提出了委托—代理中的道德风险问题。我国学者刘兵（2002）也提出了状态空间建模的方法对委托—代理进行建模，建立了委托—代理的分析框架。Mirrlees（1971）对委托—代理理论进行了改进，认为当委托人不理解代理人的行为时，往往会根据最终结果对代理人进行激励或惩罚。但该模型只适用于短期、单任务和单一问题情况下的博弈。

委托—代理理论是建立在信息不对称基础上的。所有者即委托人，需要代理人的经营方向与其自身利益相一致。经营权和所有权的分离降低了所有者获取信息的效率和质量。有时业主追求的利益最大化与经营者的努力是不一致的。由于信息不对称或观念不同，会产生一系列的冲突矛盾。企业在经营中必须通过建立代理人与委托人之间的功能关系，使两者之间的利益关系保持一致，包括建立激励机制促使代理做出变现，从而尽可能地降低代理成本。使双方利益最大化的行为可以最大程度地缓解委托人与代理人之间的矛盾。在实践中，客户在可预见的情况下采取一系列措施来限制逆向选择和道德风险。同时也对冲了客户与客户之间的矛盾，做出了更加科学合理的决策。另外，充分发挥外部审计机构、监管部门和投资者对受托人进行外部监督的权力，更加公平公正。如果监督机制和激励机制设置合理，委托人和代理人都是理性的，企业就可以尽可能地降低管理成本，获得最大的价值。同时，企业财务制度也是公司治理的重要组成部分。数据经理以财务的方式向客户报告公司的财务状况和盈利能力，使数据透明化，促进信息对称，有助于减少委托人和代理人之间的冲突。

二、产权理论

产权是指对特定财产、资产等的完整权利，是一系列权利，而不是单一权利，或者是指一个权利体系。产权有两个功能：激励和约束。在远古时代，地球上有着丰富的资源，人类可以无限地利用。随着人口的不断增加，人们逐渐产生了产权意识。20 世纪初，经济发展较快，市场因外部性和“搭便车”行为而失灵。Coase（1993）认为，不能为了外部性而利用政策干预经济，需要明确产权并具体落实。在市场经济中，明确的产权可以划分责任，减少外部性带来的危害。市场失灵的根本原因是产权不清。如果产权清晰、交易成本为零，资源就可以不受干扰地优化配置。德姆塞茨在科斯定理的基础上提出，产权是市场资源有效配置的基本工具，需要法律和道德来约束产权并建立惩罚机制。产权被破坏，就会受到一定程度的惩罚，有利于促进和谐稳定有序发展。同时，清晰的产权还可以避免一系列外部不经济问题，使资源高效合理配置。产权理论为市场上不同企业不同产权的规制提供了有力的理论依据，有助于企业形成合理的激励和约束机制。

然而，产权理论在实际运用中存在诸多问题。首先，交易产权理论的假设是交易成本为零或很小。实践中，交易成本难以准确计量，缺乏可操作性，降低了理论的适用性。其次，产权理论强调一切资产和责任的明确划分，而忽视了公共物品领域。支持产权经济的学者提出，只有产权私有化才能实现市场最有效的配置。但公共物品私有化，后果可想而知，公众的幸福感和满意度不会提高。显然，这与实际情况不符，应根据具体属性进行分析。最后，不同的产权分配会形成不同的分配方式，严重的话，收入分配的差异会越来越大，不利于收入分配公平的发展。

尽管产权理论还有很多有待完善的地方，但它在经济学和管理学中发挥了很大的作用。在中国，产权理论起步较晚。张维迎（2004）指出，结合中国经济环境，在企业管理中，股权激励源于产权理论，可以有效激励委托—代理过程中的管理者，有利于企业的发展。魏杰（2001）提出，企业的本质是契约的集体，也是不同要素的人按照一定的契约关系联系在一起的组织，实施期权激励制度有利于企业的长远发展。

《"十四五"数字经济发展规划》提出"到2025年……数字经济核心产业增加值占国内GDP比重达到10%"，"数据要素市场体系初步建立"的目标，并指出数据资源是数字经济的关键要素。

在数据产权方面，"数据二十条"提出：推进数据分类和分级，对数据进行确权和授权使用，推动数据进入市场化流通交易，健全数据要素涉及的各项权益保护制度，力求逐步形成具有我国特色的数据产权制度体系。上述政策针对公共数据、企业数据和个人数据，建立了分类和分级标准，确定了确权和授权制度，其中针对公共数据的确权和授权机制侧重汇聚共享和开放开发，这些政策的目标是全力推进数据的互联互通，打破"数据孤岛"；企业数据确权授权机制则更加关注数据要素激励作用，强调市场主体享有依法依规持有、使用、获取收益的权益；个人信息数据确权授权机制的建立则将个人信息安全置于首位。

数据分类分级确权授权制度将在数据要素市场体系建立过程中逐步完善，在当前数据分类的基础上，每一类数据下将继续划分等级，针对采集、流通、交易、收益分配等环节制定具体要求，在保障数据安全的前提下，将各类数据的使用价值最大化。

三、信息不对称理论

经济学的重要基本假设之一是"理性人"假设，经济主体在从事经济活动中是具有完全和对称信息的。但在现实中，这一假设不成立，经济主体对信息的了解和掌握往往是不充分和不对称的，存在一方信息占优的情况。在契约经济学等领域，信息不对称（Information Asymmetry）是指，在交易中，一方比另一方拥有更多或更好的信息，从而不同方会做出不同的决策。信息不对称有时会导致交易中的权力不平衡，有时会导致交易的经济效率低下，在最坏的情况下信息不对称甚至会导致市场失灵。例如，逆向选择、道德风险和知识垄断。不对称信息可能导致逆向选择，或是形成经济租，引发寻租行为，导致信息较缺乏的那一方受损。处理由不对称信息引起的问题是信息经济学和私法、刑法和公法的经济分析的主题。

信息不对称的一种形象化表达是将卖方和买方置于天平的两侧。当卖方拥有更多或更好的信息时，交易更有可能发生对卖方有利（权力的平衡已经转移到卖方）。这方面的一个例子是，当一辆二手车被出售时，卖家可能比买家更了解汽车的状况，因此也更了解它的市场价值，而买家只能根据卖家提供的信息和他们自己对车辆的评估来估计市场价值。然而，权力的平衡也可以掌握在买方手中，如购买健康保险时，并不总是要求购买者提供未来健康风险的全部详细信息，通过不向保险公司提供此信息，买方将支付与将来不太可能需要给付的人相同的保费。这两个举例说明了当存在完美信息时两个代理之间的权力平衡。如果买方拥有更多信息，则操纵交易的权力将由向买方一方倾斜的规模表示。

延伸到非经济方面，相较于监管机构，私营公司更了解他们在没有监管的情况下将采取何种行动，这使监管的有效性受到损害。信息不对称与完美信息形成对比，完美信息是新古典经济学的一个关键假设。

信息不对称理论的应用场景之一是解决企业里经营权和所有权的分离问题。所有者对日常事务的经营管理信息掌握不全面，这时制定经营者持股或者期权红利等策略在一定程度上解决了经营者和所有者激励相容问题。

第五节　数字化转型对经济参与者的影响

随着人们花更多的时间消费数字媒体和在线购买产品，以及企业和政府越来越多地使用数字媒体和在线购买产品。使用数字技术带来了一个更广泛的问题：以数字而不是原子形式存储信息如何影响福利？搜索、复制、运输、跟踪和验证成本的下降对经济有影响吗？从广义上讲，文献从四个方面回答了这些问题。

一、对国家的影响

有关互联网技术的宏观经济生产率文献源于 Solow（1987）的主张：“你可以在任何地方看到计算机时代，但不能在生产率统计数据中看到。”这个“生产率难题”持续了很多年。大量的增长相关文献研究这个难题并衡量数字技术对经济的总体影响。Jorgenson 等（2008）以及 Bloom 等（2012）都对其进行了总结，研究表明，1995 年后生产率的激增在很大程度上是由数字技术推动的。尽管如此，衡量生产率的变化仍然很困难。Haltiwanger 和 Jarmin（2000）列出了衡量数字经济影响的挑战，如服务业产出、数字技术支出数据、价格平减指数等。Corrado 等（2009）发现无形资本会影响美国和英国的生产率衡量。Freund 和 Weinhold（2004）提供的证据表明，互联网由于国际通信成本的降低而增加了实物贸易。电子邮件通信对于降低跨时区的通信成本可能特别重要（Borenstein 和 Saloner，2001）。但 Gomez-Herrera 等（2014）认为，这种增长可能会给英语国家带来不成比例的好处。互联网促进了数字服务贸易（Blum 和 Goldfarb，2006；Alaveras 和 Martens，2015；Lendle 等，2016），这可能会导致某些工作的离岸外包（Tambe 等，2021）。伍旭川和刘学（2019）从国家层面的数字化战略来提出企业创新驱动和不断革新的意义，通过对西方国家数字化战略的分析，结合国内企业发展的实际情况提出我国数字化转型应更加关注基础设施建设、数字产业发展、保护数据隐私和加强育人培养。进入 21 世纪以来，我国相继提出“互联网 +”“中国制造”“两化融合”等一些指导思想，我国的企业在产品和服务方面已经相继进行数字化升级和数字化改革，形成了具备全球竞争力的能力。

二、对地区的影响

互联网在多大程度上导致国家内部特别是城市和农村地区之间经济利益的重新分配？ Gaspar 和 Glaeser（1998）指出，数字通信既可以替代城市，也可以与城市互为补充。总体而言，数字技术和数据的最大受益者是大城市地区。网络媒体的主要早期受益者在城市地区，因为高质量的在线内容是在城市地区产生的。这可能是 Savage 和 Waldman（2009）发现城市居民更愿意为宽带付费的原因之一。Eichengreen 等（2016）表明，外汇市场中高效的电子通信导致了离岸货币交易的增加，以及随之而来的伦敦和少数其他主要金融中心货币市场的聚集。Forman 等（2012）表明，富裕城市是商业互联网的主要受益者。事实证明，城市受益的机制取决于集聚效应，尤其是当地劳动力市场的技术工人。

Forman 等（2005，2008）表明，互联网在城市和大公司中，企业的采用率更高，但在城市或大公司中的优势是可以相互替代的，这说明集聚效应的重要性。Dranove 等（2014）发现了医院也能产生类似结果。与上述工作相反，有一些证据表明互联网的采用对偏远的个人和农村地区有一些好处。例如，Autor（2001）、Gaspar 和 Glaeser（1998）推测，互联网可能会减少对特定任务工作空间的需求，增加“远程办公”的可能，并减少家庭和工作地点在附近的需求。Kolko（2012）研究表明，宽带在就业方面给低密度地区的人们带来了不成比例的好处，尽管总体影响很小。Forman 等（2005）表明，基本的互联网技术（可能不成比例地）使农村和偏远城市受益。总体而言，有两种力量在发挥作用：一是集聚效应意味着城市会不成比例地受益；二是低成本通信可以使地理上孤立的人受益。在特定情况下，总体结果取决于这些力量之间的平衡。一般来说，技术越难使用，集聚效应就越有可能占据主导地位。

三、对企业的影响

有关增长核算的文献表明，数字技术投资与国家层面的生产率增长之间存在着令人信服的关系。然而，宏观层面的衡量很难进行因果推断。大量文献记录了数字技术的使用与公司层面生产力增长的直接关系。通过使用微观数据和各种计量经济学技术来解决选择、遗漏变量偏差和同时性问题，发现数字技术的使用确实提高了生产力。但实证结果发现只有某些类型的公司的生产率有所提高，多种因素会增强或减弱这种关系，包括组织变革、技能、地理位置、监管、公司规模和年龄，以及溢出和 / 或网络外部性的可能性。

Brynjolfsson 和 Saunders（2010）、Draca 等（2006）得出的结论是，ICT 的使用可以提高公司绩效。当 ICT 投资具有滞后性时，IT 与生产力之间的相关性会更加强烈（Brynjolfsson 和 Hitt，2003）。还有关于信息通信技术对生产力影响的具体案例研究，如 Baker 和 Hubbard（2004）表明，ICT 提高了卡车运输的生产率。Jin 和 McElheran（2017）证明了数字技术提高了制造业的生产力。Agrawal 等（2008）研究表明，BITNET 提高了中等大学的学术生产力。在医疗保健方面，Athey 和 Stern（2000）研究表明，信息通信技术改善了应急响应；Miller 和 Tucker（2017）、McCullough 等（2016）研究表明，电子病历（EMR）可以改善患者的治疗效果；Dranove 等（2014）研究表明，EMR 在技能互补的情况下可以降低医院成本，但在其他情况下则不然。Bloom 等（2012）使用关于 ICT 和生产力的大型多国企业级面板数据库，该数据库包含 11 年 11 个欧盟国家的 19000 家公司，以及同期较小的美国公司，得出的结论是，信息通信技术确实提高了生产力，尽管这种效应在不同国家和不同类型的公司之间存在相当大的异质性。他们强调组织资本的重要性，表明在英国经营的美国跨国公司与美国企业一样经历了同样的生产力奇迹，相比之下，英国的其他跨国公司（和其他公司）却没有这样做，其原因是，美国跨国公司的组织方式使他们能够更有效地使用信息通信技术。

组织资本和组织结构在企业有效利用 ICT 投资方面发挥了重要作用（Bresnahan 等，2002；Brynjolfsson 和 Saunders，2010；Garicano 和 Lastra，2010；Tambe

等，2021；Brynjolfsson 和 McElheran，2016）。先进信息通信技术的有效利用还需要适应组织需求（Bresnahan 等，1996）。对于拥有大量本地 ICT 专业知识的地方企业，流程创新最容易实现（Forman 等，2008；Dranove 等，2014）。正如 Acemoglu 和 Autor（2012）所评论的，考虑到前几代 IT 都是以技能为导向的，因此这也许并不令人意外。相应地，在互联网的背景下，Akerman 等（2015）提供的证据表明，挪威的宽带普及使技术工人受益匪浅。

从企业内部的角度来看，数字化转型对于中小微企业效益提升的促进作用更加明显，得益于数字化技术建立起的打破时间和空间约束的数字化平台及对客户需求信息的高效及时快速的集聚传递。具体来说，企业在运营管理的过程中依靠数字化技术，通过互联网、大数据、云计算等对数据进行收集、分析、整合和归纳等活动，使资源快速调配和充分利用，促进企业内部全要素生产率的提升。Tapscot（1995）提出对数字化的运用不是一成不变的，数字化在实际运用过程中需要根据企业内部管理结构和企业现状进行因地制宜的调整，数字化转型依托于数字化技术在企业内部经营管理过程中实施创新驱动，使实践中的财务管理具象和理论中的数字化技术抽象进行工具和方法维度的加工与整合改造，也就是将数字化技术进一步嵌入财务管理的实践活动中。

陈友骏和于娣（2020）发现日本企业发展过程中主要强调“三化一可”的原则，突出高质量和高标准特征，认为企业通过数字化转型能够提升全要素生产率，推动企业高质量发展。

四、对消费者的影响

由于大部分最有价值的在线内容都是免费的，衡量生产率和 GDP 的指标可能会忽略互联网驱动的消费者剩余的潜在增长（Scott 和 Varian，2015；Brynjolfsson 等，2019；Greenstein 和 McDevitt，2011；Goolsbee 和 Klenow，2006）。Wallsten（2013）通过时间使用的数据表明，人们将越来越多的休闲时间花在网上，取代了线下休闲（包括看电视），并很少用于工作和睡眠。同样根据时间使用的数据，Goolsbee 和 Klenow（2006）估计 2005 年每人每年的消费者剩余为 3000 美元。Goldfarb 和 Prince（2008）研究证明了这种效应是异质的。低收入人群也会花更多时间上网，因此，他们的消费者剩余（至少相对于总体消费）更高。还有学者对互联网相关技术的消费者剩余进行了具体估计，如 Greenstein 和 McDevitt（2011）测算 1999~2006 年与宽带普及相关的消费者剩余为 4.8 亿 ~67 亿美元。Brynjolfsson 和 Oh（2012）估计免费在线服务的消费者剩余接近 1000 亿美元。

Cohen 等（2016）估计，仅 UberX 汽车服务就可为消费者带来数十亿美元的剩余。Brynjolfsson 等（2019）通过使用（激励兼容）选择实验，提供了对互联网消费者剩余最全面的估计。例如，在一项研究中，他们询问人们需要支付多少钱才能一个月不访问 Facebook，具体实施后发现，Facebook 的每位用户每年的价值约为 750 美元，即在美国约为 180 亿美元。他们还对其他免费在线服务［如搜索引擎（每用户每年 16000 美元）和在线视频（每用户每年 900 美元）］的消费者剩余进行了用户级调查估计。互联网消费的变化可能会导致总体福利发生变化，但这些盈余指标并未涵盖这些变化。Belo 等（2014）研究表明，学校采用宽带导致成绩下降，这可能是因为网络游戏分散了学生的注意力。Falck 等（2014）研究表明互联网的可用性降低了选举中的选民投票率。朱军（2001）认为随着人们生活水平的提高，人们越来越追求健康、绿色、安全的生活方式，对产品的可溯源性和环境安全的需求增加，数字化属性的产品越来越受消费者的欢迎。

数字化转型能够降低实体经济成本、提高实体经济运行效率、促进实体经济各参与主体之间供需的精准匹配，使实体经济活动费用降低，数字化转型能够激发产业新模式和新业态，从而使传统经济条件下不可能发生的经济活动得以实现，数字经济能够推动经济向形态更高级、分工更精准、结构更合理、空间更广阔的阶段演进。从降低成本的角度出发，数字化转型能够在降低企业交易成本、管理成本、财务成本方面发挥作用，数字化转型能够提升企业资源配置效率、资本使用效率和劳动生产效率。中国信息通信研究院对企业数字化转型空间分析框架如图 2-1 所示。

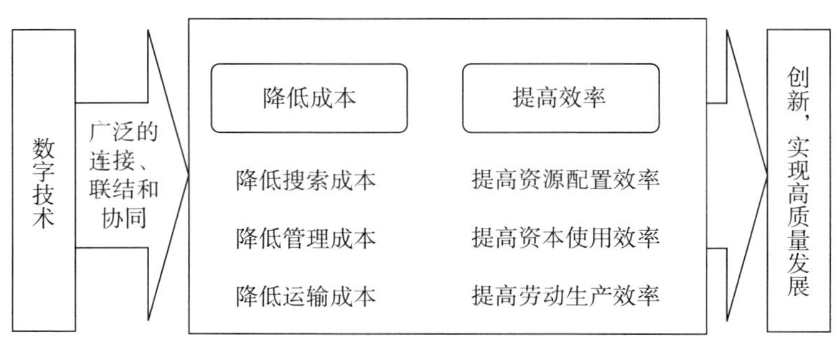

图 2-1　企业数字化转型空间分析框架

基于中国信息通信研究院对企业数字化转型空间分析框架，对数字化转型的经济影响文献梳理如下：数字化转型从降低搜索成本、降低管理成本、降低运输成本三个方面实现企业成本的降低；从提高资源配置效率、提高资本使用效率、提高劳动生产效率三个方面实现企业效率的提升。谭志东等（2022）基于“两化”融合贯标试点的准自然实验研究发现，数字化转型发挥经济资源的功能，会增强企业现金持有的交易动机和预防动机。黄漫宇和王孝行（2022）实证发现数字化转型可以提高零售企业经营效率。倪克金和刘修岩（2021）实证研究发现数字化转型有助于企业成长即提高总资产增长率、托宾 Q 值和销售增长率，且通过提高劳动效率和降低营业成本来促进企业成长。邱浩然和徐辉（2022）发现数字化转型可以提高农业企业的经营绩效即总资产回报率和净资产回报率。数字化转型有利于企业适应国际竞争环境，提升企业在国际市场上的竞争力，数字化转型通过对新产品进行赋能来提高制造业出口技术复杂度（李宏和乔越，2021；党琳等，2021），通过影响企业动态能力来提升企业国际化广度，通过企业数字资本来帮助企业参与国际贸易外循环（赵婷婷等，2021）。李琦等（2021）实证发现数字化转型有利于提高企业综合绩效，包括盈利能力、资本积累能力、发展能力、资金运用能力、偿债能力、资产营运效率等。企业数字化对企业社会责任具有明显的赋能效应，能够显著改善企业社会责任表现（肖红军等，2021）。

第六节　本章小结

通过对国内外学者关于数字化转型、公司治理效应以及数字化转型治理效应相关研究进行梳理和分析，发现现有学者对数字化转型与公司治理之间的关系进行了一定的探索和研究。数字化贯穿企业的全流程。作为市场经济的主体，数字化发展在公司治理中发挥着重要作用。数字化以其强大的渗透力和虚拟集聚能力，使企业发展的边界变得模糊，给产业链上的经济体系带来价值重塑和冲击。数字化转型是一把“双刃剑”，在给治理发展带来新策略的同时，也将伴随着未知的风险和挑战。公司治理的发展和创新离不开内部配套的体制机制，并深受政治、经济、生态、法律等外部环境的影响。

数字化对社会经济的影响充满世界各个角落。数字经济通过与传统产业结合，改变企业外部经济环境，使企业能够自发或被动地进行产业升级和创新。现有学者从内部和外部两个层面进行了较为深入的分析，这为本书深入研究提供了方向和参考，可以进一步拓展相关研究。

本章通过相关理论的梳理和相关文献回顾，为后续的实证研究奠定了理论和文献基础。数字化转型以创新理论和数字经济理论为基础，企业全要素生产率以经济增长理论为基础。特别是从实证研究的角度来看，为了解决委托—代理问题，公司治理的研究应运而生。公司治理作为企业重要的制度安排，为数字化转型的战略变革提供制度保障。通过查阅相关文献，笔者发现数字经济是一个新兴的研究领域，学者们对此进行了一些探索和研究。但从宏观角度探讨数字经济和数字金融对区域经济发展影响的研究较多，从微观主体企业角度探讨数字化转型的文献相对较少。同时，还没有关于数字化转型与公司内外部治理效应以及企业全要素生产率之间关系的研究。本书将针对这部分内容进行研究。

第三章　数字化转型与企业创新的理论模型

随着数字经济的兴起，数据发挥了关键作用。在过去 10 年中，以数字为商业模式核心的公司已经主导了全球最有价值公司的排名。研究数据经济学的文献分别涵盖了增长、隐私、竞争、包容和金融稳定等方面。本章简单回顾并整合了这些观点，以便分析数据对企业成长以及宏观经济增长的影响，从而为更好地理解数据的价值奠定理论基础。

经济中数据的激增促进数字化转型，通过效率和创新为促进经济增长提供了巨大的潜力，但要在不损害其他目标的情况下这样做，笔者认为当前的政策框架必须清晰明确，以应对如下四个日益严峻的挑战。首先，数据市场是不透明的，可能导致数据收集过多而隐私过少。必须明确数据的权利和义务，以使市场有效运作，而这些权利和义务的分配方式将影响增长和公平。其次，现有企业有囤积数据的动机，这可能会扼杀竞争并减少更广泛的访问可能带来的社会效益。可以制定一系列政策来鼓励促进竞争和创新的数据共享。再次，目前尚不清楚公司是否在保护他们持有的数据方面做得足够好，这给稳定性带来了风险，应该通过确保所有市场参与者对网络安全进行充分投资的措施来减轻这种风险。最后，如果没有各国之间的协调，全球数据市场可能会变得支离破碎，从而阻碍包括贸易和金融在内的跨境数据活动的潜在巨大收益。

长期以来，数据在经济活动中具有价值。银行向农民提供贷款时，会查阅当地登记的数据，以了解其潜在借款人拥有多少土地。个人数据的收集始终涉及在尊重个人对隐私的渴望（包括来自政府）和从收集和传播中获得商业和社会利益之间的权衡。需要政策制定者重新考虑其经济影响的数据有何新意？两个技术趋势被广泛认为导致了数据的经济相关性呈爆炸式增长。首先，技术进步大大降低了收集和存储数据的成本。广泛的数字化导致更多的数据作为经济和社会活动的副产品产生，包括过去被认为是完全定性的人类互动和体验的各个方面。其次，分析技术的进步允许更先进的处理以从可用数据中提取更大的价值。

包括人工智能和机器学习在内的通用技术推动了跨部门数据的使用，预测算法被用于开发自动驾驶汽车、识别有盈利空间的新药、提供有针对性的广告以及提高运营效率。对于世界上几家最有价值的上市公司来说，数据是其高利润商业模式的核心。这些趋势正在改变消费者、公司和政策制定者衡量和分析经济的方式。

本章重点关注数字的经济特征及其对微观层面企业增长率的影响。尽管数据的激增是最近的事件，但现有的文献中包含许多相关见解。应该注意到，虽然文献提供了丰富的定性机制，但它们的模型化以及量化仍处于早期阶段，因此。有必要通过将多种机制整合到统一模型中来描述数字化转型的理论机制。

首先，数据是非竞争性（Non-Rivalry）的。使用竞争性商品（如石油）意味着其他人不能再使用它，但许多人可以使用相同的数据，就像一个新想法一样。当数据被广泛共享时，社会将从数据中受益最多，因为更多的用户将能够使用它来提高效率和创新。但是，虽然技术使数据的非竞争性成为可能，但政策和私人决策会影响它在实践中的具体运用。在当前政策下，私营公司不太可能有动机让竞争对手访问他们收集的数据，因此囤积数据的做法可能会限制市场竞争性并影响社会总体的利益。

其次，数据涉及外部性。一个人收集、共享和处理个人数据会影响他人的隐私，从而给他人带来成本。其含义是，用户缺乏足够控制权的数据市场——数据收集者可以随心所欲地处理他们收集的数据——可能会导致过度的数据收集和隐私侵犯。相关的政策挑战是明确数据市场参与者的权利和义务。

最后，数据只是部分排他性的。在互联系统上存储数据意味着控制对数据的访问需要持续投资，以防止其因网络攻击而丢失。关键的政策问题是私人数据收集者和处理者在多大程度上有足够的动机来投资保护他们的数据，特别是对他人的个人数据。有效的数据政策需要综合视角来平衡相互竞争的目标：通过数据访问促进增长和竞争，确保数据收集和处理存在激励机制，通过对网络安全的充分投资促进稳定性，以及确保尊重个人隐私偏好。在大多数情况下，这需要在可能没有互动传统的机构之间进行合作：消费者保护和隐私机构、市场管理机构、发展改革委和财政部门、统计局、中央银行和金融监管机构。

第一节 数据市场的分析框架

本节列出了思考数据市场所涉及的经济决策所需的基本要素。数据本质上可以是定量的或定性的，并且可以存储。数据是一种信息形式，关于信息经济学的丰富文献——尤其是关于不完整或不完全信息的文献——为思考数字经济学提供了许多有用的见解（Stiglitz，2002）。遵循 Jones 和 Tonetti（2020），本章将数据与想法区分开来，数据是一种生产要素，可以称之为数据资本，数字化转型就是把信息尽可能地转化为数据信息，从而形成更多的数据资本。类似于学习或培训获得人力资本，一个企业进行数字化投资与研发将会获得数据资本。当然，这仍然是对数据的宽泛定义，数据在许多方面都是异质的，包括其主题、时间、格式和质量，其中一些特征将影响其经济特征和含义。

一个特别重要的维度是数据是否可以映射到个人（个人数据）或公司的运营和商业机密（商业数据）。另一个重要的维度涉及分析的数据量。笔者理解“数据”应按观察记录或经过一定程度的处理以使其标准化——包括有关交易的记录事实、监控摄像头的镜头、位置信息或个人的在线浏览历史。

一、数据的供给决定

收集和存储数据的经济主体称为数据收集者。数据收集会产生成本。其中一些成本是固定的，如安装传感器或技术基础设施，而其他成本则随着收集的数据量而变化，如作为存储容量，或支付创建数据所涉及的劳动力。Farboodi 等（2019）强调，当数据作为经济活动的副产品生成时，数据收集的边际成本非常低，如生产或交易数据（一家航空公司跟踪其航班上的乘客数量以及每位乘客支付的费用）。但即使在这些情况下，数据的存储和保护仍然是数据收集者的可变成本，该成本可能是巨大的。

对于可以映射到个人的数据，其特征已被记录的人被称为数据主体。当收集此类数据需要数据主体的积极参与时，会产生补偿数据主体的费用。例如，超市可能会为使用可追踪其购买习惯的会员客户提供折扣。许多数字平台经营双边业务，其中数据作为易货交易的一部分被收集以换取对虚拟服务的访问，然后用于与单独客户（如广告商）的交易。尽管在这些情况下，数据主体和数据收集者之间没有资金交易，但提供虚拟服务代表后者的成本。

当收集数据的平均成本随着收集量增多而降低时，就会发生规模经济。当初始固定成本很大但边际成本非常低时，往往会出现这种情况，这在投资于广泛的数字基础设施以收集数据的公司中很常见。在包括社交网络和支付系统在内的平台中也观察到了类似的动态，其中需求方网络的外部性使随着用户数量（及其生成的数据）的增长，参与网络对边际用户更具有吸引力。这意味着规模增加了边际用户放弃数据以换取访问权限的意愿，从而降低了平台获取更多数据的成本。

数据收集的成本是技术发展的函数，最近的技术进步以两种方式改变了成本曲线。首先，数字传感器（包括摄像头、麦克风、全球定位系统和加速度计）、存储技术的成本迅速下降以及数字经济活动的激增，大大降低了收集和存储数据的成本。其次，数据收集公司面临的成本曲线因云存储服务等第三方数据中介的发展而下移，将固定成本转化为可变成本。因此，这些中介机构往往会降低数据收集者面临的成本，并通过规模扩张来实现这一点。收集和存储数据成本的这些变化导致越来越多的数据收集者收集更多的不同数据。

二、数据作为生产要素

如果创建和存储数据的成本很高，为什么要这样做？数据的需求取决于数据在经济中的使用方式。只有当这样做的成本小于他们期望从中获得的收入时，数据收集者才会决定记录数据。在数字化的早期阶段，许多公司只是简单地丢弃了大部分由其运营和用户活动产生的数据，认为这些数据价值不大，但现在，公司甚至国家越来越认识到数据的价值。已有文献关注数据在现代经济中的两个作用。首先，数据是商品和服务生产的输入，有助于创新和效率。其次，数据在经济主体之间创造和转移信息，影响战略互动和信息摩擦。限于本书的主题，只分析第一个作用。

数据的第一个功能是作为商品或服务生产的输入。在此功能中，数据可以创造知识，这些知识可以用于现有商品的持续生产（如运行天气预报服务或提供有针对性的广告所需的观测数据）或开发新产品或服务。从作为输入的数据中获取价值需要昂贵的处理和分析成本，这是由互补的熟练劳动力提供的。聚合和分析数据的代理称为数据处理者。数据收集者和数据处理者实际上可能是同一家公司或个人，但当数据可以交易时，情况并非如此。

数据分析也可以用于创新，因为从数据中提取的新见解可以导致新产品或服务的开发。最近，大数据的激增和机器学习算法的发展使数据分析能够解决日益复杂的问题。因此，数据已成为开发和生产各种新产品的必要输入。例如，配备传感器的汽车可能会记录驾驶员在城市街道上的驾驶行为，从而在各种情况下建立大量人类决策数据集。

可以使用机器学习算法分析这些数据的创建模式，以预测和模拟复杂道路环境中的人类决策，从而生产出安全的自动驾驶汽车。Varian（2019）强调，公司收集有关其自身运营的数据有助于在实践中学习。例如，数据分析可以揭示公司用来修改和改进其业务实践的洞察力。公司运营的时间越长，它作为其运营副产品生成的企业数据就越多，从自己过去的生产决策中学到更多的东西，从而提高效率。这是 Farboodi 等（2019）采用的方法，将数据建模为提供信息，以减少与生产相关的随机变量的不确定性。

个人和企业数据嵌入有关经济主体（包括消费者或公司）的信息，访问它可以改变这些主体参与的市场中的信息不对称。当访问数据有助于减少买卖双方之间的信息不对称时，它可能会导致更高效的经济交易。例如，访问有关潜在消费者特征（如他们的兴趣和购买习惯）的数据可以使卖家提供更加个性化的商品或服务。同样，拥有潜在产品特征数据的消费者可以通过更准确地评估产品如何满足他们的需求来做出更明智的购买决策，包括有关产品可靠性的数据（如过去客户的评论数据）、受欢迎程度（如影响者在社交媒体上对服务、配饰和服装的使用）以及与竞争产品的快速比较（如通过零售聚合服务）。

三、数据与经济增长

描述了数据市场的特征后，下面现在转向数据扩散的影响。数据有可能通过将其用作商品和服务生产的投入来促进经济增长，并通过边做边学［也被称为“干中学”（Learning by doing）］促进企业生产力的提升。通过生成信息和减少不对称，它还可以潜在地提高市场效率，降低金融市场借款人的融资成本，并改善产品与消费者的匹配度。

Begenau 等（2018）认为数据的扩散建模是为减少贷方和借方之间信息不对称的一种手段，可降低融资成本。公司在运营过程中产生的公开数据越多，潜在债权人对该公司未来现金流和信誉度的不确定性就越小，贷款人在贷款延期后对公司的监控就越好。贷方获得的有关借款人的数据越多，为贷款收取的利率可能越低，被拒绝贷款的借款人的比例就越小。上述逻辑是蚂蚁金服等新金融技术服务提供商业服务的关键，他们利用大数据生成改进的实时信用评分，为以前在信贷市场之外的高回报中小型企业提供资金（Hau 等，2019）。

如果从数据中提取的有价值的信息量减少，那么数据会提高产出水平，但预计不会影响长期增长率。如果相反，数据与规模报酬递增相关联，它的扩散可能会带来更高的持续增长。统计理论指出，统计数据的功效往往会随着样本量的增加而以递减的速度增长。这是 Varian（2018）观察的基础，机器学习应用程序精度的边际改进减少了所分析的数据量。

可以带来收益递增的一个论点是，使用数据进行边干边学的公司可以进入良性的“数据反馈环”（Data Feedback Loop）。Farboodi 等（2019）提出这样一个模型，成功的企业能够从其用户那里获取更多数据，而这些新获得的数据又被企业用于提高其生产力并获得额外的市场份额，从而进一步扩大了该企业可用数据的数量。

Agrawal 等（2019）认为，在某些人工智能应用程序中使用数据可以产生不断增加的规模回报，特别是在更复杂的预测问题中。虽然人工智能的预测精度随着提供更多数据而确实会以递减的速度提高，但人工智能算法的可适用性可能会非线性地增加。在许多情况下，预测必须非常准确才能在商业应用中产生价值，而一旦突破一定的精度阈值，人工智能算法就可能将无用的工具变成有利可图的产品。例如，对无人驾驶汽车所需的人工智能算法进行初步训练可能仅需少量的驾驶数据，此时无人驾驶汽车会产生消费者和监管机构完全无法接受的事故率，而将人工智能精度提高到一定的阈值所需额外数据的边际价值（如人类驾驶员的平均事故率）将很大且离散，因为它允许将技术部署到消费者市场。

Goldfarb 和 Trefler（2018）认为，人工智能中使用的数据产生的规模经济也可能来自直接的网络外部性，其中更多的客户产生更多的数据，从而提高了产品的质量，吸引了更多的客户等。为特定目的获取的数据在其他情况下可能具有价值，从而使数据收集者在开发新产品时具有范围经济性。同样，这使现有公司相对于必须收集数据或向现有公司支付访问费用的竞争新进入者具有优势。积累更多数据类似技术变革的过程。鉴于信息网络固有的全球影响力，对非竞争数据的广泛访问可以在国家甚至国际层面实现规模回报的增加。就像 Romer（1990）内生增长模型中的想法一样，数据的非竞争性可以产生通过增加规模报酬以实现持续增长。

Farboodi 和 Veldkamp（2020）不同意这一结论，他们强调数据在减少不确定性方面的作用。由于不确定性以零为界，因此数据可以提供的效率增益是有限度的。在他们的设置中，数据积累类似资本积累的过程，而不是技术变革的过程。其结果是，数据积累的收益会递减，因此无法促进长期经济增长。

Cong 等（2021）将消费者生成的数据作为知识积累的关键因素构建了一个内生增长模型。消费者在为利润提供数据和潜在的隐私侵犯之间取得平衡。中间产品生产者利用数据创新获得价值，并为最终产品做出贡献，从而推动经济增长。数据具有灵活的所有权，是动态的非竞争性的，而它们的产生是内生的和依赖于策略的。

Cong 等（2022）建立了一个内生增长的动态数据经济模型，在这个模型中，代理人从消费中产生数据，并与创新和生产企业共享这些数据。不同于劳动力或资本等其他生产要素，数据不仅在企业之间，也在影响经济产出水平和增长的各个部门的使用方面都是非竞争性的。尽管存在垂直非竞争性，但创新部门在数据使用和对增长的贡献方面主导了生产部门，因为创新是累积增加的，并受益于动态非竞争性的数据；创新在进入生产时将原始数据“脱敏”为知识，这减轻了消费者对隐私的担忧。两个部门的数据使用相互作用，产生了配置扭曲和明显的可替代性，这是由于劳动力在各个部门的竞争使用和数据的互补性。因此，在不同的社会计划和分散均衡下增长率会出现差异。

第二节　数字化转型、工艺创新与企业成长

数字经济技术的投资是否以及如何使企业受益，这是一个亟待解决的问题。一方面，数字经济作为一种潜在的通用技术，可能会刺激经济增长。另一方面，当前对数字经济的关注可能被过度炒作，或者数字经济在采用周期中可能仍处于早期阶段，无法对企业增长产生有意义的影响（Brynjolfsson 等，2021）。

数据是非竞争性的：一个人所处位置、医疗记录和驾驶数据可以同时被许多公司使用。非竞争导致收益递增。因此，即使存在隐私方面的考虑，企业广泛使用数据也可能会带来社会收益。由于担心创造性破坏（Creative Destruction），企业可能会选择囤积数据，导致非竞争数据的使用效率低下。

一、数字化转型与企业创新的机制

技术变迁根据不同类型的创新可以划分为工艺创新和产品创新。前者指能降低现有产品的生产成本的创新（如引进新机器来生产现有产品）；后者指引进一种新的产品（如第一台 DVD 播放器）。

在实践中，引进现有产品的更高质版本或者运用一个更低成本的技术来生产现有产品的过程创新可能会比生产过程中降低成本的创新更重要。这种过程创

新的一个例子是引进更好的DVD播放器和以更低成本生产现有DVD播放器的创新。这些创新通常导致更换老式的货物或机器并导致现有的生产者和创新者之间潜在的竞争。

技术变迁的文献中另一个重要的区别是宏观创新和微观创新（Mokyr，1990）。宏观创新一般指彻底的创新，宏观创新包括引进通用技术，如电力或者计算机，这些通用技术的引进可能会改变许多不同生产线的生产组织模式。微观创新指更常见的创新，包括引进现有产品的新模式、提高某个产品线的质量或者仅表现为降低某个产品的成本。大部分内生技术模型没有明确区分上述两种创新。实证研究表明，大部分生产率增长可能都源于微观创新，虽然这些创新往往建立在一些宏观创新或通用目的技术基础上（Abernathy和Utterback，1978；Freeman等，1982）。

本节构建了一个数字化转型促进中间产品多样化的模型，下一节描述一个数字化转型与技术外溢的模型。数字化转型可能通过降低工艺创新的成本促进公司发展。工艺创新降低了运营成本并提高企业生产现有产品的生产率（Basu等，2001；Cardona等，2013；Acemoglu等，2022）。

理论上，数字化转型至少可以通过两种方式刺激工艺创新和生产率提高。首先，数字化转型驱动的人工智能有可能取代人类劳动力来完成某些任务（Agrawal等，2019），从而降低了单位劳动力成本。具体来说，与之前的技术相比，数字化转型帮助决策过程和解决复杂认知问题的能力引发了人们的担忧，即数字化转型可能会颠覆高技能和高工资职业（Webb，2019）。其次，数字化转型可以通过更好的预测来提高运营和生产效率。Tanaka（2020）提出了一种在不确定性和成本高昂的调整下的企业投入选择模型，其中预测错误会导致投资不足或过度。

当企业投资数字化技术时，可能会带来工艺创新和更高的生产效率。生产率为$\varphi_{i,f}$的企业可以支付额外的固定成本，将其生产的所有产品的生产率提高到$l\varphi_{i,f}$，其中$l>1$是生产率增长的比例。技术的选择涉及固定成本和单位利润增长之间的权衡。对于企业生产的每种产品，成本成比例降低，就意味着增加了企业从该产品中获得的利润。

二、数字化转型与中间产品多样化模型

数字化转型必然涉及数字基础设施的投资与研发，研发能够扩展生产过程中投入要素的种类。本节研究具有投入种类扩展特征的模型，研发中会出现新的数字化中间产品种类（或者数字化设施如机床或操作系统），中间品种投入的增加

将促进劳动分工，提高最终产品生产商的生产效率。这一动态过程可以看作是一种工艺创新。

扩展创新可能性边界（研发技术）是数字化转型内生技术变迁的一个重要组成部分。本部分从一个简单的内生增长模型开始，该模型具有投入要素（中间品种类）可扩展的特征。可以称该模型为数字机器模型，因为只要求对数字机器进行研发投资，并不需要熟练或非熟练劳动力以及科学家。

（一）人口，偏好和技术

假设一个连续时间无限期界经济体中存在一个代表家庭，其偏好如下：

$$\int_0^{\infty} \exp(-\rho t)\frac{C(t)^{1-\theta}-1}{1-\theta}\mathrm{d}t \tag{3-1}$$

这里不存在人口增长，总的工人数量为 L，劳动力的供给是无弹性的。该代表家庭具有该经济体中所有厂商的均衡配置。

唯一的最终产品根据以下函数生产：

$$Y(t)=\frac{1}{1-\beta}\left(\int_0^{N(t)} x(v,\ t)^{1-\beta}\mathrm{d}v\right)L^{\beta} \tag{3-2}$$

其中，L 表示总劳动投入，$N(t)$ 表示在时间 t 能够用于生产过程的不同中间品种类的数量，数字化转型无疑会增加数字机器的数量，$x(v,\ t)$ 表示在时间 t 时品种为 v 的要素的总投入量。假设 x 在使用后会完全折旧，因此 x 可以被理解为通用投入品或中间产品或资本。本书把这些中间投入品称为“数字机器”。数字机器在使用后完全折旧的假设可以简化计算，以确保机器数量这个变量不存在运动方程（Law of Motion），从而不产生额外的状态变量。

分母的表达式 $1-\beta$ 是可简化表述的。对于已知 $N(t)$，假设其最终产品生产者已知，式（3–2）满足规模报酬不变。由于一些厂商在该经济体中具有垄断能力，本书不再使用整个经济体的加总生产函数。但由于最终产品生产者是竞争性的，在构建最终产品部门模型时使用生产函数（3–2）并不会损失一般性。

将式（3–2）表达为如下形式：

$$Y(t)=\frac{1}{1-\beta}\tilde{X}(t)^{1-\beta}L^{\beta}$$

其中

$$\tilde{X}(t)=\left(\int_0^{N(t)} x(v,t)^{\frac{\varepsilon_\beta-1}{\varepsilon_\beta}}\mathrm{d}v\right)^{\frac{\varepsilon_\beta}{\varepsilon_\beta-1}}$$

其中，$\varepsilon_\beta \equiv 1/\beta$ 是不同数字机器之间的替代弹性，强调了生产函数规模报酬不变的性质。本书把最终产品在每一期的价格规范表示为1。

时间 t 的资源约束如下：

$$C(t)+X(t)+Z(t) \leqslant Y(t) \tag{3-3}$$

其中，$X(t)$ 是数字机器的开支（相当于投资），$Z(t)$ 是在时间 t 的研发开支。

下面，考虑数字机器如何生产。假定某个特定品种的数字机器被设计出来，生产每台数字机器的边际成本为 $\psi > 0$ 单位的最终产品。此时的创新可能性边界采用如下形式：

$$\dot{N}(t)=\eta Z(t) \tag{3-4}$$

其中，$\eta > 0$，且该经济体的初始技术存量为 $N(0) > 0$。等式（3-4）意味着研发支出的能促进新数字机器的发明。假设不存在研究壁垒，即任何个人或厂商在时间 t 花费一个单位的最终产品就能够产生流动率为 η 的设计图样。开发出一个新数字机器的图样可以获得对该机器品种的永久性专利，同时假设垄断者提供的 $N(0)$ 初始品种也获得永久性专利保护。

假定在创新过程中不存在总体的（Aggregate）不确定性。个体的不确定性还是存在的，但是由很多不同的研究实验室共同承担费用，从总体水平来看，式（3-4）是成立的。

已知专利结构，发明一个新机器品种 v 的厂商是该机器品种的独家（垄断）供应商，为了利润最大化，该供应商在时间 t 时对数字机器的定价为 $P^x(v, t)$。

对最终产品部门的净利润求最大值可得出数字机器品种 v 的需求量。由于机器在使用过后会折旧，且劳动力是在现货市场雇佣的，最终产品部门的最大化问题可以在每个离散时点来考虑，且只要求一个典型最终产品生产者的即时利润最大化即可。即时利润可以通过从生产价值中减去总成本（租用数字机器成本和劳动力成本）求得。于是，时间 t 的最大化问题可以表示如下：

$$\max_{[x(v,t)]_{v\in[0,N(t)],L}} \frac{1}{1-\beta}\left(\int_0^{N(t)} x(v,t)^{1-\beta}\,\mathrm{d}v\right)L^{\beta} - \int_0^{N(t)} p^x(v,t)\,x(v,t)\,\mathrm{d}v - w(t)L \tag{3-5}$$

对任意 $v \in [0, N(t)]$ 关于 $x(v, t)$ 求一阶条件即得到最终产品部门的数字机器需求量。这些需求可以表示为以下等弹性形式：

$$x(v, t)=p^x(v, t)^{-1/\beta}L \tag{3-6}$$

式（3–6）较直观，因为不同数字机器种类的需求弹性为 $\varepsilon_\beta \equiv 1/\beta$（意味着（$v$，$t$）$= p^x$（$v$，$t$）$^{-\varepsilon\beta}L$。方程式（3–6）说明对数字机器的需求取决于机器的使用成本和均衡的劳动力供应，并不直接与利率 $r(t)$、工资率 $w(t)$ 或者数字机器的总量 $N(t)$ 相关。

v 个机器图样的价值（净现值）表示如下：

$$V(v,t)=\int_t^{\infty}\exp(-\int_t^{s} r(s')\mathrm{d}s')\pi(v,s)\mathrm{d}s \tag{3–7}$$

其中

$$\pi(v,t) \equiv p^x(v,t)x(v,t)-\psi x(v,t)$$

代表垄断者在时间 t 时生产数字机器 v 的利润，$x(v,t)$ 和 $p^x(v,t)$ 是该垄断者的利润最大化选择，$r(t)$ 是时间 t 的市场利率。若该价值函数对时间可微，该方程式可以写成 HJB 方程的形式如下：

$$r(t)V(v,t)-\dot{V}(v,t)=\pi(v,t) \tag{3–8}$$

（二）对均衡的描述

上述具有投入要素（中间品种类）可扩展的特征的内生增长模型的一种配置模式定义如下：消费水平的时间路径、数字机器的总消费和研发的总支出为 $\left[C(t),X(t),Z(t)\right]_{t=0}^{\infty}$，数字机器品种的时间路径为 $\left[N(t)\right]_{t=0}^{\infty}$，每台数字机器价格与数量的时间路径为 $\left[P^x(v,t),x(v,t)\right]_{v\in[0,N(t)],t=0}^{\infty}$，利率和工资率的时间路径为 $\left[r(t),w(t)\right]_{t=0}^{\infty}$。

均衡是指一个配置中所有垄断者选择 $\left[P^x(v,t),x(v,t)\right]_{v\in[0,N(t)],t=0}^{\infty}$ 来最大化利润，$\left[N(t)\right]_{t=0}^{\infty}$ 的变化决定于投入品种，$\left[r(t),w(t)\right]_{t=0}^{\infty}$ 根据市场出清的要求变化，$\left[C(t),X(t),Z(t)\right]_{t=0}^{\infty}$ 的变化与家庭配置利益最大化保持一致。上述均衡不是竞争性的，因为数字机器生产者具有市场影响力。

由于式（3–6）定义了等弹性需求，任意垄断者 $v \in [0, N(t)]$ 的最大化问题都需要在每一期设定相同的价格，对于所有的 v 和 t，有：

$$p^x(v,t)=\frac{\psi}{1-\beta}$$

于是，所有垄断者收取一个恒定的、恰好能够弥补其生产边际成本的租金 ψ，令数字机器生产的边际成本为 $\psi \equiv (1-\beta)$，则对所有的 v 和 t，有：

$$p^x(v,t)=P^x=1 \tag{3–9}$$

利润最大化还意味着每个垄断者在每一期出租相同数量的数字机器，对于所有 v 和 t 可表示如下：

$$x(v,t)=L \tag{3-10}$$

对于所有 v 和 t 的垄断利润如下：

$$\pi(v,t)=\beta L \tag{3-11}$$

等式（3-11）表明每个垄断者销售相同数量的机器、收取相同的价格，并在每个时点都获得相同的利润。

将式（3-6）和机器价格代入式（3-2）可得（衍生的）最终产品生产函数：

$$Y(t)=\frac{1}{1-\beta}N(t)L \tag{3-12}$$

等式（3-12）是多元扩展模型的主要恒等式之一，它表明即使总生产函数从最终产品厂商的角度来看规模报酬是不变的［将 $N(t)$ 视为已知］，整个经济体还是存在规模报酬递增的特点。式（3-12）清楚地表明机器品种 $N(t)$ 的增加能够提高劳动生产效率，且当 $N(t)$ 以一个稳定的增长率增长时人均产出也同样增长。

最终产品部门对劳动力的需求可以通过式（3-5）对 L 的一阶条件得出，同时可得时间 t 的均衡工资率如下：

$$\omega(t)=\frac{\beta}{1-\beta}N(t) \tag{3-13}$$

进入壁垒为零意味着对于所有 v 和 t，有：

$$\eta V(v,t)\leqslant 1,\ Z(v,t)\geqslant 0 \text{ 以及 } [\eta V(v,t)-1]Z(v,t)=0 \tag{3-14}$$

其中，$V(v,t)$ 由式（3-7）决定。一单位用于研发的最终产品可以带来 η 单位的新机器，每台机器获得的净现值利润由式（3-7）给出，此处 $\eta V(v,t)$ 严格小于 1，但正的研发成本和经济增长（以及技术进步）是客观存在的，因此可将自由进入的条件简化如下：

$$\eta V(v,t)=1$$

由于每个垄断者 $v\in[0,N(t)]$ 生产的机器总额由式（3-10）给出，存在 $N(t)$ 垄断者时机器的总开支如下：

$$X(t)=(1-\beta)N(t)L \tag{3-15}$$

家庭消费的欧拉方程式如下：

$$\frac{\dot{C}(t)}{C(t)}=\frac{1}{\theta}\left[r(t)-p\right] \tag{3-16}$$

横截性条件如下：

$$\lim_{t\to\infty}\left[\exp\left(-\int_0^t r(s)\mathrm{d}s\right)\int_0^{N(t)}V(v,t)\mathrm{d}v\right]=0 \tag{3-17}$$

该条件要求该典型家庭总财富价值（该价值等于公司资产 $\int_0^{N(t)}V(v,t)dv$ 的价值）的增长速度不能超过贴现率。

根据前面的方程式，均衡可以被定义为消费、支出、研发决策以及机器品种总数量的时间路径 $\left[C(t),X(t),Z(t),N(t)\right]_{t=0}^{\infty}$，从而满足式（3–3）、式（3–7）、式（3–14）、式（3–15）、式（3–16）以及式（3–17），每台机器的价格和数量的时间路径 $\left[P^x(v,t),x(v,t)\right]_{v\in N(t),t=0}^{\infty}$ 满足式（3–9）和式（3–10），利率和工资的时间路径 $\left[r(t),w(t)\right]_{t=0}^{\infty}$ 满足式（3–13）和式（3–16）。

在均衡增长路径（BGP）中消费 $C(t)$ 和产出 $Y(t)$ 以恒定的比率增长，式（3–12）则说明 $N(t)$ 在 BGP 中应按照固定的比率增长，均衡增长路径被称为稳态，源于它是转换变量的稳态（即原始变量以一个固定比率增长）。

（三）均衡增长路径

均衡增长路径（BGP）要求消费按照一个固定比率 g_C^* 增长。根据式（3–16），在利率恒定不变时上述消费的增长可行。即存在一个均衡配置对所有 t 可表示如下：

$$r(t)=r^*$$

其中，* 表示 BGP 的取值，每一期的利润由式（3–11）给出，且利率是稳定的，式（3–8）说明 $\dot{V}(t)=0$，将 $r(t)$ 代入式（3–7）或者式（3–8），可得：

$$V^*=\frac{\beta L}{r^*} \tag{3-18}$$

此时，垄断者获得 βL 的流量利润，该利润沿着 BGP 以固定利率 r^* 贴现。

假设（自由进入）条件式（3–14）恒等，则可得到：

$$\frac{\eta\beta L}{r^*}=1$$

也可变换为：

$$r^*=\eta\beta L$$

式（3–16）说明 BGP 的消费增长率可表达如下：

$$g_C^*=\frac{\dot{C}(t)}{C(t)}=\frac{1}{\theta}\left(r^*-p\right) \tag{3-19}$$

同时，家庭最优消费问题的现值汉密尔顿函数是凹性的，叠加横截性条件即可描述该家庭的唯一最优消费计划。

BGP 中，消费的增长比率与总产出相同，因此该经济体产出的增长率为 $g^* = g_C^*$。

已知 BGP 利率，该经济体的长期增长率如下：

$$g^* = \frac{1}{\theta}(\eta \beta L - p) \tag{3-20}$$

假设：

$$\eta\beta L > p \text{ 以及 } (1-\theta)\eta\beta L < p \tag{3-21}$$

$\eta\beta L > p$ 能够确保 $g^* > 0$，$(1-\theta)\eta\beta L < p$ 则保证了典型家庭的效用是有限的，且横截性条件得到满足。

命题 3.1　若式（3-21）成立，则上述多样化扩展模型中存在唯一 BGP，使技术、产出和消费都以式（3-20）给出的相同比率 g^* 增长。

同类内生技术进步模型的一个重要特征是规模经济效应，L 越大意味着增长率越大，规模效应产生于市场规模效应。

（四）转移动态

上述模型中不存在动态变化。对式（3-11）中的利润进行替换，其中 $V(v, t)$ 独立于 v，可以表示为 $V(t)$，该方程式表明：

$$r(t)V(t) - \dot{V}(t) = \beta L$$

产出在任何时点的正增长意味着 $\eta V(t) = 1$ 对所有 t 成立，通过式（3-21）可知，增长率不能在所有时点取零，且存在某些时段使 $\eta V(t) = 1$，将 $\eta V(t) = 1$ 对时间求微分可得 $\dot{V}(t) = 0$，于是所有 t 成立，所以：

$$r(t) = \eta\beta L$$

命题 3.2　若式（3-21）成立且初始技术存量 $N(0) > 0$，则存在唯一的均衡路径，使技术、产出和消费以比率 g^* 增长，与式（3-20）保持一致。

（五）帕累托最优配置

垄断竞争的存在意味着均衡不满足帕累托最优（第一福利定理不再适用），这意味着在生产机器的边际成本基础上有一个利润加成，同时在任意时点，生产机器的数量不再是最优的。不满足帕累托最优的原因，一是静态垄断，二是该经济体贸易商品集的内生性。

本书构建最优增长问题框架以对比上述均衡和帕累托最优配置。最优增长路径是典型家庭效用最大化问题［即式（3-1）］的一个解，其约束条件为式（3-3）

和式（3–4）（创新可能性边界），初始条件为 $N(0)>0$，社会计划者在每个时间 t 选择 $[x(v,t)_{v\in[0,N(t)]}]$ 以及时间路径 $C(t)$、$Z(t)$ 和 $N(t)$，其资源约束条件可以表示如下：

$$C(t)+Z(t)\leqslant\frac{1}{1-\beta}\left(\int_0^{N(t)}x(v,t)^{1-\beta}\,\mathrm{d}v\right)L^{\beta}-\int_0^{N(t)}\psi x(v,t)\,\mathrm{d}v \tag{3-22}$$

式（3–22）右边等于净产出，也可被定义为 $\tilde{Y}(t)\equiv Y(t)-X(t)$。

求 $\tilde{Y}(t)$ 的最大化可得：

$x^{s}(v,t)=(1-\beta)^{-1/\beta}L$

将 $x^{s}(v,t)$ 代入式（3–2）可得帕累托最优配置下的产出水平如下：

$$Y^{S}(t)=\frac{(1-\beta)^{-(1-\beta)/\beta}}{1-\beta}N^{S}(t)L=(1-\beta)^{-1/\beta}N^{S}(t)L$$

上标 S 被用来强调社会计划者和均衡配置之间不同的技术水平和产出水平，净产出 $\tilde{Y}^{S}(t)$ 可以表示如下：

$$\tilde{Y}^{S}(t)=(1-\beta)^{-\frac{1}{\beta}}N^{S}(t)L-\int_0^{N(t)}\psi x^{S}(v,t)\,\mathrm{d}v$$

$$=(1-\beta)^{-\frac{1}{\beta}}N^{S}(t)L-(1-\beta)^{-\frac{1-\beta}{\beta}}N^{S}(t)L=(1-\beta)^{-1/\beta}\beta N^{S}(t)L$$

结合式（3–4），用下式描述最优增长路径：

$$\max\int_0^{\infty}\exp(-pt)\frac{C(t)^{1-\theta}-1}{1-\theta}\,\mathrm{d}t$$

约束条件为：

$$\dot{N}(t)=\eta\left[(1-\beta)^{-1/\beta}\beta N(t)L-C(t)\right]$$

其中，$N(t)$ 是状态变量，$C(t)$ 是控制变量。构建以下现值汉密尔顿函数：

$$\hat{H}(N,C,\mu)=\frac{C(t)^{1-\theta}-1}{1-\theta}+\mu(t)\left[\eta(1-\beta)^{-1/\beta}\beta N(t)L-\eta C(t)\right]$$

最优增长路径的解由下列表达式给出：

$$\hat{H}_{C}(N,C,\mu)=C(t)^{-\theta}-\eta\mu(t)=0$$

$$\widehat{H}_{N}(N,C,\mu)=\mu(t)\eta(1-\beta)^{-1/\beta}\beta L=p\mu(t)-\dot{\mu}(t)$$

$$\lim_{t\to\infty}\left[\exp(-pt)\mu(t)N(t)\right]=0$$

易得此现值汉密尔顿函数是严格凹的，因此以上条件描述了唯一的最优增长路径。

综上所述，可得以下最优增长路径中的消费增长率：

$$\frac{\dot{C}^S(t)}{C^S(t)}=\frac{1}{\theta}\left(\eta(1-\beta)^{-1/\beta}\beta L-\rho\right) \tag{3-23}$$

最优增长配置包含了一个稳定的消费增长率，可与分散均衡式（3–20）中的增长率进行比较，（帕累托）最优增长率总是大于均衡增长率。

命题 3.3　在上述多元扩展模型中，离散均衡总是满足帕累托次优的，同时给定 $(1-\theta)\eta(1-\beta)^{-1/\beta}\beta L<\rho$ 开始于任意 $N(0)>0$，则帕累托最优配置的固定增长率如下：

$$g^S=\frac{1}{\theta}\left[\eta(1-\beta)^{-1/\beta}\beta L-\rho\right]$$

该增长率严格大于式（3–20）给出的均衡增长率 g^*。

帕累托最优增长率大于均衡增长率是因为，数字技术创新与数字化转型具有更大的社会价值，这源于帕累托最优配置不含利润加成，无效均衡的产生与垄断利润加成的货币外部性有关，这影响了交易商品集以及数字机器和技术的增长率。

第三节　数字化转型、技术外溢与企业成长

本节构建技术外溢模型，用研究人员和科学家代替实验设备模型作为研发的关键来源。实验设备模型通过投入越来越多的资源至研发部门来产生持续的经济增长，但在研发部门不断增加稀缺要素无法实现，因此，除非过去的研发产生技术外溢使研发中使用稀缺要素生产效率逐渐提高，否则内生增长亦无法实现。Romer（1990）提出的内生技术变迁模型的雏形即建立在知识外溢基础上，本书提出的“数字化转型与中间产品多样化模型”提供了另外一个角度，它较为清楚地描述了技术积累的作用并且说明增长不一定通过技术外部性或外溢来产生。

下面考察内生技术进步模型在缺乏外溢效应时如何运行，并建立存在知识外溢的内生技术变迁模型，模型的其他条件都与前一节的模型保持一致，在缺乏创

新可能性边界条件成立时，模型采用以下形式：

$$\dot{N}(t)=\eta N(t)L_R(t) \tag{3-24}$$

式中，$N(t)$ 表示现存创新想法的外溢，该值越大则研发人员的生产率越高，式（3-24）要求外溢具备线性性质，并构成了模型内生增长的源泉。

$L_R(t)$ 代表数字技术研究人员，假设同质的劳动力同时被用于研发部门和最终产品部门，生产和研发部门的竞争确保了研究部门的人工成本和最终产品部门相等。最终产品部门的总雇佣劳动投入在生产函数式（3-2）表示为 $L_E(t)$ 而不是 L，则劳动力市场出清要求如下：

$$L_R(t)+L_E(t)\leqslant L$$

总产出表示如下：

$$Y(t)=\frac{1}{1-\beta}N(t)L_E(t) \tag{3-25}$$

以及垄断者通过变卖机器获取的利润如下：

$$\pi(t)=\beta L_E(t) \tag{3-26}$$

垄断者的净现值为 $V(v,t)$，其流动利润由式（3-26）表示，自由进入条件如下：

$$\eta N(t)V(v,t)=w(t) \tag{3-27}$$

式（3-27）的左侧是增加雇用一个单位工人进行研发的回报，$N(t)$ 增加意味着研发工人效率的提高，右侧是增加雇用一个单位工人进行研发的流动成本 $w(t)$。

均衡工资率与前一节的实验设备模型相等，即如式（3-13）所示：

$$w(t)=\beta N(t)/(1-\beta)$$

均衡增长要求利率确定为 r^*，均衡增长路径（BGP）要求如下：

$$\eta N(t)\frac{\beta L_E(t)}{r^*}=\frac{\beta}{1-\beta}N(t) \tag{3-28}$$

均衡增长路径的均衡利率如下：

$$r^*=(1-\beta)\eta L_E^*$$

其中，L_E^* 是均衡增长路径生产中雇用的劳动力数量（已知 $L_E^*=L-L_R^*$），结合式（3-16）可知，对于所有 t 下式成立：

$$g_C^*=\frac{\dot{C}(t)}{C(t)}=\frac{1}{\theta}\left[(1-\beta)\eta L_E^*-\rho\right]=g^* \tag{3-29}$$

式（3-24）意味着 $\dot{N}(t)/N(t)=\eta L_R^*=\eta(L-L_E^*)$。同时，均衡增长路径中的消费增长率等于技术进步率，即 $g^*=\dot{N}(t)/N(t)$，均衡增长路径中的雇佣水平可以被唯一确定如下：

$$L_E^*=\frac{\theta\eta L+\rho}{(1-\beta)\eta+\theta\eta} \tag{3-30}$$

命题 3.4　考虑上述存在技术外溢下的多元扩展模型，假定

$$(1-\theta)(1-\beta)\eta L_E^*<\rho<(1-\beta)\eta L_E^* \tag{3-31}$$

其中，L_E^* 由式（3-30）给出，于是任意初始技术存量水平 $N(0)>0$ 存在一个唯一的均衡路径，在此均衡中，技术、产出和消费都以相同的比率 $g^*>0$ 增长，该比率由式（3-29）给出。

与实验设备模型相同，均衡配置也是帕累托次优的，这源于厂商不会考虑其研发开支在未来会增加生产效率，考虑了上述效应的帕累托最优配置下的产出和消费增长率更高。

第四节　本章小结

数字化技术通过工艺创新可以降低产品创新成本并刺激公司成长。首先，通过分析大型数据集作出预测的能力可以降低产品开发中的实验成本；其次，企业将数字化模型直接运用到中间产品的生产过程中可以降低产品创新成本。增加数据投资的研发，促进了数字化转型，从而通过增加中间产品的种类促进创新，同时，数据的正外部性在数字化转型的过程中亦可促进技术进步。

政策干预促进帕累托改进体现在：其一，政府对数字经济研究进行补贴可以提高国家的经济增长率，非扭曲的税收可以同时形成帕累托改善；其二，最终产品部门对数字化生产部门的补贴可以提升增长率，缓解了分散的企业使用私人最优数量小于社会最优数量导致的无效问题。

综上所述，可以得出后续拟检验的实证结论：数字化转型提升了企业创新绩效并促进了企业生产率。

第四章　数字化转型与我国 A 股上市公司创新绩效

创新是经济高质量发展的根本驱动力。2022 年 10 月，党的二十大报告中强调了坚持创新在我国现代化建设全局中的核心地位，并对加快实施创新驱动发展战略进行部署。我国企业对数字化转型越发重视，2007 年，我国全部上市公司年报中涉及数字化转型的各个特征词共出现 7511 次，2020 年则出现了 212531 次，增长了 27 倍（吴非等，2021）。企业数字化转型给我国企业的创新活动带来了机遇和挑战，一方面，企业通过数字化转型利用大数据、云计算、人工智能等新兴技术可以改革生产运营方式、组织架构和企业文化，能够拓展知识来源，加速知识传播和资源流动，促进要素集聚和协同，优化企业创新生态系统。同时，数字技术可以协助企业精准掌握客户需求和市场信息，为创新活动提供战略指引，从而规避一些失败风险。另一方面，数字化转型需要长期、高额的资源投入，但未来收益却不确定，新兴数字技术的应用也存在与现实约束条件的兼容、磨合问题，数字化转型过快、过度可能与公司现有资源和能力脱钩，损害其稳健经营和创新能力，数字化转型带来的成本增加、信息超载和决策失误不利于企业创新绩效，会使企业陷入技术多元化陷阱。

因此，本书关注数字化转型是否在总体上能促进企业的创新绩效？其效应在不同类型企业之间是否具有异质性和局限性？本章以 2011~2021 年我国 A 股上市公司为样本，实证分析了数字化转型对企业创新绩效的影响，在不同产权属性、不同规模、不同生产要素密集度的企业间进行了异质性分析，并讨论了内生性。

本书的创新之处主要包括：其一，从创新投入、创新产出和创新效率多方面刻画企业的创新行为和绩效，并证实数字化转型总体上能够促进企业的创新绩效；其二，通过异质性分析发现数字化转型对高新技术行业企业创新效率的影响要弱于非高新技术行业企业；其三，提出了优化数字转型的政策，有助于社会各界更好地理解数字化转型的积极意义和局限性，助力政府正确处理数字化转型和关键核心领域原始创新的关系。

第一节　理论分析与研究假设

技术创新是经济增长和社会进步的根本驱动力。企业是技术创新的重要主体，企业通过创新满足市场需求、发掘利润增长点、维持核心竞争力、实现价值最大化。学术界普遍认为数字化转型能够促进企业的创新，数字技术通过协同创新重塑企业创新机制与路径，突破条件约束帮助企业获取外部创新资源，提升会计信息质量和内控水平降低交易成本和代理成本以改善创新生态系统。

有学者认为，企业数字化转型与企业创新之间并非总存在正向线性关系。例如，王锋正等（2022）认为数字化能够促进信息快速、低成本流动，以提升资源配置效率，但数字技术发展到一定阶段时可能会出现治理效率降低、数据安全风险凸显的问题，这会抑制企业创新。肖仁桥等（2021）发现数字化建设水平与企业新产品开发效率呈倒 U 型关系。许多面临创新的高门槛、高成本和高风险等问题的企业在数字化转型中也倾向于不愿创新、不敢创新（黄勃等，2023）。

综上所述，本章提出如下两条研究假设：

假设 4–1：实施数字化转型总体上有助于提升企业创新绩效。

假设 4–2：数字化转型对企业创新绩效的影响是非线性的。

第二节　研究设计和回归分析

一、指标说明与数据来源

（一）被解释变量

本章的被解释变量为我国 A 股上市公司 2011~2021 年的创新绩效。学术界对如何刻画企业的创新行为存在着争议，一方面，李雪松等（2022）认为专利授权容易受到官僚因素的影响，且审核周期较长，具有一定的不确定性和不稳定性，专利申请数量更能反映企业的资源投入力度和使用效率；另一方面，内生增长理论认为增加研发资金和研发人员投入可以促进技术创新（Acemoglu，2009）。本章分别从创新投入、创新产出和创新效率三个维度构建被解释变量，以全面地反映企业的创新活动，为使研究结论更加稳健，上述每个维度均包括两个或两个以上的不同变量，具体定义和构造方法如表 4–1 所示，创新投入和专利基础数据源于国泰安（CSMAR）上市公司数据库。

表 4–1　数字化转型与我国 A 股上市公司创新绩效研究的被解释变量定义和构造方法

创新维度	变量名称	变量定义和构造方法
创新投入（研发强度）	RnD_ratio1	企业年度投入占其总资产的比重
	RnD_ratio2	企业年度投入占其营业收入的比重
创新产出	Pat_app1	企业年度发明专利、实用新型和外观设计专利的总申请量
	Pat_app2	企业年度发明专利、实用新型和外观设计专利的总申请量，3 种专利的权重按照 3：2：1 进行加权平均
	Pat_awd1	企业年度发明专利、实用新型和外观设计专利的总授权量
	Pat_awd2	企业年度发明专利、实用新型和外观设计专利的总授权量，3 种专利的权重按照 3：2：1 进行加权平均
创新效率	Pat_eff1	创新效率，用每单位研发投入的专利申请数作为创新效率的综合指标，计算方法为 Pat_app1/ln（1+ 研发投入）
	Pat_eff2	创新效率，用每单位研发投入的专利申请数作为创新效率的综合指标，计算方法为 Pat_app2/ln（1+ 研发投入）

（二）核心解释变量

本章核心解释变量为数字化指数 dgt_idx，源于国泰安（CSMAR）中国数字经济研究数据库的上市公司数字化转型指标，跨度为 2011~2021 年，数字化转型指数综合了环境支撑、技术驱动、战略引领、组织赋能、数字化成果、数字化应用六大类一级指标、30 多项二级指标，是全面反映企业数字化转型水平的一个综合指数。其中，环境支撑大类包含了所在行业（依据证监会分类）的数字化强度、数字资本投入强度、人力资本投入强度，以及按国民经济行业分类的发明专利数量等指标；数字化成果大类包含了企业（参与制定）数字创新标准数量、数字创新论文数量、数字发明专利数量、数字创新资质、数字国家级奖项等指标。

（三）控制变量

影响企业创新行为的因素很多，如唐跃军和左晶晶（2014）发现产权性质和大股东制衡机制对公司创新有显著影响，朱德胜和周晓珮（2016）发现股东制衡和高管持股与企业创新效率之间存在显著的非线性关系，朱冰等（2018）发现多个大股东的存在会导致过度监督行为并抑制创新。本章选取前五大股东持股比例（Top5）反映公司的股权结构，并设置虚拟变量 SOE 反映公司的产权属性，国有企业样本 SOE 取值为 1，其他产权属性的样本取值为 0。

其他控制变量还包括：

（1）公司职员总数的对数（lnemployee）：衡量上市公司的规模。

（2）公司年龄（estage）：自公司成立之日开始计算，反映公司所处生命周期的阶段。

（3）资产负债率（Lev）：反映公司利用债务融资进行经营活动的能力。

（4）资产回报率（Roa）：衡量上市公司的盈利能力。

（5）总资产周转率（Ato）：反映公司资产经营质量和利用效率。

上述变量的基础数据源于国泰安上市公司数据库，并做了如下处理：

（1）剔除了金融保险行业的公司样本。

（2）剔除了 ST、S*ST 和 *ST 公司的样本。

（3）剔除有缺失值的样本。

（4）剔除了 IPO 当年的公司样本。

二、描述性统计

表 4–2 列出了上述变量的描述性统计。某些指标易存在极端值的不良影响，为消除异常值造成的偏误，本书依据年份对所有连续型控制变量进行了上下 1% 分位数的缩尾处理，对被解释变量极大值进行 1% 分位数的缩尾处理。

表 4–2　数字化转型与我国 A 股上市公司创新绩效研究的主要变量的描述性统计

变量	观测值数量	均值	标准差	极小值	极大值
RnD_ratio1	30450	2.394	2.394	0.000	269.597

续表

变量	观测值数量	均值	标准差	极小值	极大值
RnD_ratio2	36197	10.876	10.876	0.000	31728.840
Pat_app1	8071	112.906	112.906	1.000	16934.000
Pat_app2	8071	109.748	109.748	0.333	16934.000
Pat_awd1	7436	76.389	76.389	1.000	13398.000
Pat_awd2	7436	71.480	71.480	0.167	13398.000
dgt_idx	36046	35.645	35.645	21.650	80.040
lnemployee	35739	7.585	7.585	0.693	13.223
estage	36126	18.053	18.053	1.000	63.000
Lev	34689	0.444	0.444	–0.195	178.346
Ato	34688	0.640	0.640	–0.048	12.373
Top5	34649	0.536	0.536	0.008	0.992
Roa	34688	0.040	0.040	–9.117	20.788
SOE	36447	0.292	0.292	0.000	1.000

第三节　模型设定

本章基本回归模型如下：

$$Innovation_{i,t} = \beta_0 + \beta_1 dgt\_idx_{i,t} + \sum \beta_n control_{i,t} + year_t + province_i + industry_i + \varepsilon_{i,t}$$

其中，*Innovation* 是创新行为变量，分别为 RnD_ratio1、RnD_ratio2、Pat_app1、Pat_app2、Pat_awd1、Pat_awd2、Pat_eff1 和 Pat_eff2。dgt_idx 为数字化指数，control 为控制变量集合，*year*、*province*、*industry* 分别表示年份效应、省份效应和行业效应。

第四节　实证检验与结果分析

采用“OLS+ 稳健标准差”的方法对基本模型进行回归，并同时控制年份效应、省份效应和行业效应，回归结果如表 4–3 所示，其中，模型（1）~ 模型（8）分别采用了不同的被解释变量，在 1% 的水平上数字化转型指数对其均有显著的正向影响。总体而言，样本期内数字化转型能促进企业研发强度、专利申请数量、专利授权数量和创新效率的提升。

表 4–3　数字化转型指数对创新的基本回归结果

变量	模型（1） RnD_ratio1	模型（2） RnD_ratio2	模型（3） Pat_app1	模型（4） Pat_app2	模型（5） Pat_awd1	模型（6） Pat_awd2	模型（7） Pat_eff1	模型（8） Pat_eff2
dgt_idx	0.023*** （0.001）	0.048*** （0.004）	2.498*** （0.368）	2.412*** （0.342）	1.255*** （0.236）	1.004*** （0.209）	0.094*** （0.028）	0.077*** （0.028）
lnemployee	0.067*** （0.011）	–0.102*** （0.026）	88.249*** （5.641）	83.616*** （5.260）	68.565*** （3.750）	62.495*** （3.197）	4.829*** （0.494）	4.639*** （0.485）
estage	–0.023*** （0.002）	–0.067*** （0.005）	–1.511*** （0.523）	–1.548*** （0.482）	–2.207*** （0.426）	–2.039*** （0.367）	–0.245*** （0.050）	–0.254*** （0.048）
Lev	–1.252*** （0.064）	–4.415*** （0.180）	–31.711** （12.898）	–27.063** （12.126）	–56.185*** （10.800）	–50.689*** （9.732）	–5.289*** （1.211）	–5.444*** （1.204）
Ato	1.000*** （0.035）	–2.459*** （0.065）	–7.029 （10.030）	–10.012 （9.411）	–12.091** （6.026）	–10.867** （5.346）	–0.351 （0.496）	–0.305 （0.476）
Top5	–0.165** （0.067）	–0.448*** （0.172）	66.844*** （19.651）	67.002*** （18.362）	69.787*** （12.732）	68.739*** （11.463）	3.091** （1.447）	3.440** （1.428）
Roa	0.471** （0.213）	–4.429*** （0.620）	152.447*** （37.663）	146.057*** （34.867）	–16.784 （26.319）	–19.922 （22.826）	–4.522** （1.990）	–5.176*** （1.908）
SOE	–0.111*** （0.024）	–0.253*** （0.057）	–7.787 （6.966）	–7.857 （6.586）	2.545 （4.553）	3.340 （4.109）	–0.063 （0.474）	0.149 （0.459）
省份效应	控制	控制	控制	控制	控制	控制	控制	控制
行业效应	控制	控制	控制	控制	控制	控制	控制	控制
年度效应	控制	控制	控制	控制	控制	控制	控制	控制

续表

变量	模型（1）RnD_ratio1	模型（2）RnD_ratio2	模型（3）Pat_app1	模型（4）Pat_app2	模型（5）Pat_awd1	模型（6）Pat_awd2	模型（7）Pat_eff1	模型（8）Pat_eff2
常数项	0.124 （0.149）	6.783*** （0.395）	−748.103*** （49.557）	−705.734*** （45.950）	−563.415*** （35.911）	−514.900*** （31.510）	−37.180*** （3.728）	−35.513*** （3.643）
观测值数量	28236	27343	6725	6725	6442	6442	6285	6285
R^2	0.413	0.428	0.356	0.363	0.397	0.408	0.247	0.247

注：括号内为稳健标准误，*、** 和 *** 分别表示在 10%、5% 和 1% 的水平上显著。本章下同。

企业规模对创新行为有一定的正向影响，大企业更易发挥创新的协同效应和规模经济。股权集中度对企业创新产出和创新效率也有积极作用，一定的股权集中度确保了企业决策效率，避免股东过度监督陷阱。企业年龄对创新行为有抑制作用，初创型和成长期的企业创新活动更活跃，创新投入、创新产出和创新效率更高，成熟期和衰退期的企业经营战略趋向保守，创新活动和创新效率趋于下降。过高的财务杠杆率不利于企业的创新行为，债务融资带来的利息成本或附加限制性条款挤占了企业现金流和从事创新活动的空间，对企业的创新投入、创新产出和创新效率造成负面影响。推进企业数字化转型和实施创新驱动发展战略，需要大力发展直接融资，建设和完善多层次的资本市场体系。

第五节　异质性分析

一、产权异质性

将样本分为国有企业和非国有企业子样本分别进行回归，结果如表 4–4 所示。对国有企业和非国有企业，数字化转型对于创新投入和创新产出的影响差异不大，在非国有企业中，数字化转型对创新效率起着促进作用。非国有企业所面临的市场约束更强，竞争压力、融资压力和运营成本压力均大于国有企业，创新意愿更强，非国有企业与市场联系更为紧密，运营机制更为灵活，科研创新效率更高，也更容易发挥数字化转型的积极作用。

表 4–4　国有企业与非国有企业的异质性分析

变量	模型（1）	模型（2）	模型（3）	模型（4）	模型（5）	模型（6）	模型（7）	模型（8）
	国有企业				非国有企业			
	RnD_ratio2	Pat_app2	Pat_awd2	Pat_eff2	RnD_ratio2	Pat_app2	Pat_awd2	Pat_eff2
dgt_idx	0.047*** （0.006）	3.476*** （0.751）	1.398** （0.577）	0.118 （0.074）	0.048*** （0.004）	2.122*** （0.401）	0.884*** （0.186）	0.065** （0.026）
lnemployee	−0.155*** （0.035）	112.250*** （10.946）	96.144*** （6.202）	7.417*** （0.805）	−0.039 （0.035）	66.710*** （6.058）	38.281*** （3.311）	2.435*** （0.511）
estage	−0.043*** （0.009）	−2.326 （1.495）	−4.420*** （0.966）	−0.502*** （0.114）	−0.076*** （0.006）	−0.887** （0.407）	0.152 （0.254）	−0.019 （0.030）
Lev	−2.781*** （0.251）	−96.573*** （29.853）	−135.361*** （21.988）	−13.267*** （2.596）	−4.936*** （0.225）	7.519 （11.468）	7.198 （8.027）	0.318 （0.644）
Ato	−1.834*** （0.087）	−46.371*** （16.538）	−7.248 （9.875）	1.027 （1.029）	−2.892*** （0.089）	10.587 （11.783）	−11.588** （5.674）	−0.659 （0.421）
Top5	−0.778*** （0.268）	−20.406 （40.657）	36.288 （27.115）	−0.079 （3.107）	0.069 （0.218）	61.832*** （20.648）	44.826*** （13.479）	0.910 （1.561）
Roa	−1.315 （1.065）	365.734*** （122.948）	55.216 （81.159）	−8.937 （6.618）	−5.090*** （0.714）	124.809*** （27.803）	23.943 （18.547）	0.912 （1.130）
省份效应	控制	控制	控制	控制	控制	控制	控制	控制
行业效应	控制	控制	控制	控制	控制	控制	控制	控制
年度效应	控制	控制	控制	控制	控制	控制	控制	控制
常数项	5.336*** （0.611）	−971.751*** （100.204）	−799.804*** （60.211）	−61.074*** （7.415）	7.245*** （0.563）	−573.317*** （54.256）	−310.954*** （28.330）	−18.002*** （2.819）
观测值数量	7265	1908	2098	2011	20078	4817	4344	4274
R^2	0.473	0.470	0.541	0.372	0.412	0.324	0.250	0.078

二、企业规模异质性

以企业职员总数（Employee）为标准将样本分为大型企业和小型企业两个子样本，其中企业职员总数大于中位数的企业定义为大型企业，企业职员总数小于等于中位数的企业定义为小型企业，表 4–5 列出了不同子样本的回归结果。在大型企业子样本中，数字化转型对于创新投入、创新产出和创新效率的促进作用要显著大于小型企业，以创新效率为例，在其他因素保持恒定的情况下，数字化转型指数每提升 1 个单位，小型企业的创新效率将提升 0.019 个单位，而大型企业的创新效率将提升 0.129 个单位。

表 4-5　大型企业和小型企业的异质性分析

变量	模型（1）	模型（2）	模型（3）	模型（4）	模型（5）	模型（6）	模型（7）	模型（8）
	小型企业				大型企业			
	RnD_ratio2	Pat_app2	Pat_awd2	Pat_eff2	RnD_ratio2	Pat_app2	Pat_awd2	Pat_eff2
dgt_idx	-0.387 (0.396)	0.639*** (0.110)	0.358*** (0.066)	0.019*** (0.004)	0.050*** (0.004)	12.271*** (2.717)	2.611** (1.279)	0.129** (0.057)
lnemployee	0.501 (2.116)	14.082*** (1.459)	7.535*** (0.918)	0.387*** (0.050)	-0.048 (0.039)	435.334*** (57.167)	201.347*** (24.848)	8.950*** (1.122)
estage	-0.685* (0.382)	-0.814*** (0.155)	-0.412*** (0.097)	-0.023*** (0.005)	-0.059*** (0.009)	-3.839 (3.684)	-7.522*** (1.721)	-0.330*** (0.076)
Lev	-45.924 (33.325)	9.037 (7.056)	1.572 (3.553)	0.120 (0.199)	-3.308*** (0.293)	-169.497*** (61.248)	-158.267*** (41.412)	-6.411*** (1.886)
Ato	-13.109 (9.391)	-4.038 (3.065)	-0.874 (1.467)	-0.089 (0.081)	-1.871*** (0.078)	-46.821 (45.167)	-6.322 (20.111)	-0.010 (0.823)
Top5	19.466 (14.646)	13.918** (6.635)	1.960 (3.393)	0.167 (0.186)	-0.481** (0.209)	-266.105*** (101.079)	-9.292 (63.553)	-0.196 (2.916)
Roa	-171.100 (118.875)	36.448** (16.850)	14.203 (9.341)	0.753 (0.502)	-1.348 (1.307)	648.096*** (224.773)	-123.737 (91.256)	-4.766 (4.136)
SOE	-2.185 (2.268)	0.081 (2.326)	0.795 (1.116)	0.032 (0.062)	0.012 (0.068)	-29.812 (34.391)	8.652 (14.473)	0.326 (0.649)
省份效应	控制	控制	控制	控制	控制	控制	控制	控制
行业效应	控制	控制	控制	控制	控制	控制	控制	控制
年度效应	控制	控制	控制	控制	控制	控制	控制	控制
常数项	68.344 (47.177)	-116.347*** (13.807)	-65.694*** (7.718)	-3.449*** (0.424)	4.693*** (0.657)	-3720.398*** (497.979)	-1722.412*** (210.952)	-76.465*** (9.516)
观测值数量	13287	3445	3047	3000	14056	3280	3395	3285
R^2	0.005	0.162	0.175	0.173	0.444	0.344	0.310	0.300

数字化转型涉及大量新型基础设施的建设和硬件、软件的改造，具有较强的规模经济效应和网络效应，大型企业实力雄厚、资源动员和配置能力较强，在数字化转型过程中更能集聚创新资源、提升创新效率，数字化技术的应用促使企业吸纳和整合具有高水平技能的员工，提升人力资本存量和结构。

三、生产要素密集度异质性

将员工总人数除以总资产的比值作为划分生产要素密集度的标准，比值小于等于中位数的样本定义为非劳动密集型企业，比值大于中位数的定义为劳动密集型企业。如表 4–6 所示，数字化转型对非劳动密集型企业和劳动密集型企业的创新投入、创新产出和创新效率均有显著的正向影响，对前者创新产出和创新效率的积极作用要明显大于后者。资本、技术、数据等要素在非劳动密集型企业中占据更为重要的地位，创新意愿和创新能力均大于劳动密集型企业，创新配套设施和机制也更为完善，容易与数字化转型相互促进、融合发展。

表 4–6　生产要素密集度的异质性分析

变量	模型（1）	模型（2）	模型（3）	模型（4）	模型（5）	模型（6）	模型（7）	模型（8）
	非劳动密集型企业				劳动密集型企业			
	RnD_ratio2	Pat_app2	Pat_awd2	Pat_eff2	RnD_ratio2	Pat_app2	Pat_awd2	Pat_eff2
dgt_idx	0.023***	2.534***	1.205***	0.137**	0.072***	1.573***	0.701***	0.028**
	（0.006）	（0.554）	（0.380）	（0.057）	（0.004）	（0.345）	（0.208）	（0.012）
lnemployee	−0.038	117.778***	92.929***	7.781***	−0.184***	71.396***	43.165***	2.322***
	（0.040）	（9.744）	（5.837）	（1.057）	（0.036）	（6.226）	（3.047）	（0.214）
estage	−0.068***	−2.713***	−2.769***	−0.436***	−0.063***	−0.714*	−0.882***	−0.059***
	（0.008）	（0.934）	（0.681）	（0.096）	（0.006）	（0.417）	（0.309）	（0.021）
Lev	−5.368***	−142.240***	−147.969***	−14.224***	−3.118***	−11.560	−10.678	−0.439
	（0.297）	（26.277）	（19.023）	（2.475）	（0.218）	（13.859）	（8.771）	（0.527）
Ato	−2.548***	14.376	−1.609	0.909	−2.400***	16.602	6.596	0.547
	（0.096）	（14.783）	（9.011）	（0.944）	（0.088）	（11.374）	（5.382）	（0.358）
Top5	−0.385	65.178**	89.362***	5.062*	−0.069	77.317***	55.708***	2.964***
	（0.272）	（30.886）	（21.095）	（2.800）	（0.213）	（20.662）	（11.240）	（0.644）
Roa	−7.304***	116.593*	−89.711**	−12.726***	−1.704**	94.574***	14.689	0.562
	（0.981）	（64.545）	（40.802）	（3.995）	（0.715）	（34.457）	（26.951）	（1.465）

续表

变量	模型（1）	模型（2）	模型（3）	模型（4）	模型（5）	模型（6）	模型（7）	模型（8）
	非劳动密集型企业				劳动密集型企业			
	RnD_ratio2	Pat_app2	Pat_awd2	Pat_eff2	RnD_ratio2	Pat_app2	Pat_awd2	Pat_eff2
SOE	–0.367*** （0.089）	–13.126 （12.141）	–14.777* （8.111）	–1.587 （1.143）	–0.078 （0.074）	–13.995* （7.240）	2.900 （4.542）	0.125 （0.281）
省份效应	控制	控制	控制	控制	控制	控制	控制	控制
行业效应	控制	控制	控制	控制	控制	控制	控制	控制
年度效应	控制	控制	控制	控制	控制	控制	控制	控制
常数项	8.692*** （0.592）	–890.270*** （74.730）	–648.012*** （46.140）	–50.880*** （6.973）	4.104*** （0.405）	–740.654*** （72.090）	–505.739*** （35.947）	–26.917*** （2.304）
观测值数量	12655	2993	2963	2899	14688	3732	3479	3386
R^2	0.427	0.462	0.493	0.291	0.480	0.281	0.313	0.256

四、高新技术行业异质性

将样本分为高新技术行业企业和非高新技术行业企业两个群组来进行异质性分析，高新技术行业的代码分别为C27（医药制造业）、C37（铁路、船舶、航空航天和其他运输设备制造业）、C39（计算机、通信及其他电子设备制造业）和C40（仪器仪表制造业）。表4–7给出了两个子样本的回归结果，数字化转型对高新技术行业企业创新效率的促进作用要弱于非高新技术行业企业，数字化转型对企业创新效率的影响呈现倒U型的非线性关系，在中等技术密集型的企业中发挥最大的效果。

表4–7　高新技术和非高新技术行业企业的异质性分析

变量	模型（1）	模型（2）	模型（3）	模型（4）	模型（5）	模型（6）	模型（7）	模型（8）
	高新技术行业企业				非高新技术行业企业			
	RnD_ratio2	Pat_app2	Pat_awd2	Pat_eff2	RnD_ratio2	Pat_app2	Pat_awd2	Pat_eff2
dgt_idx	0.090*** （0.008）	3.181*** （0.536）	0.963** （0.419）	0.092 （0.061）	0.038*** （0.004）	1.890*** （0.409）	0.983*** （0.246）	0.069** （0.030）

续表

变量	模型（1）	模型（2）	模型（3）	模型（4）	模型（5）	模型（6）	模型（7）	模型（8）
	高新技术行业企业				非高新技术行业企业			
	RnD_ratio2	Pat_app2	Pat_awd2	Pat_eff2	RnD_ratio2	Pat_app2	Pat_awd2	Pat_eff2
lnemployee	−0.462*** （0.071）	101.390*** （10.999）	50.438*** （5.539）	3.834*** （1.145）	0.039 （0.027）	77.847*** （6.040）	66.864*** （3.840）	4.845*** （0.481）
estage	−0.134*** （0.013）	−4.123*** （0.873）	−3.036*** （0.621）	−0.269** （0.107）	−0.052*** （0.005）	−0.579 （0.578）	−1.679*** （0.441）	−0.244*** （0.056）
Lev	−2.483*** （0.499）	−27.281 （29.616）	29.635** （14.472）	1.520 （1.071）	−4.613*** （0.184）	−26.885** （13.380）	−69.908*** （11.805）	−7.385*** （1.450）
Ato	−5.233*** （0.248）	−67.654** （26.268）	−52.414*** （14.653）	−2.857** （1.214）	−2.027*** （0.063）	0.142 （9.973）	−3.460 （5.756）	0.183 （0.528）
Top5	0.606 （0.486）	−22.578 （35.871）	23.240 （24.161）	−2.816 （5.217）	−0.659*** （0.175）	104.139*** （21.162）	79.312*** （13.418）	4.838*** （1.113）
Roa	−5.074*** （1.638）	156.231** （63.570）	70.460 （45.632）	3.385 （2.726）	−3.567*** （0.618）	161.992*** （43.957）	−33.634 （26.674）	−6.626*** （2.363）
SOE	−0.216 （0.155）	−8.188 （12.697）	4.286 （7.542）	−0.928 （1.284）	−0.265*** （0.058）	−5.770 （7.778）	2.841 （4.856）	0.490 （0.348）
省份效应	控制	控制	控制	控制	控制	控制	控制	控制
行业效应	控制	控制	控制	控制	控制	控制	控制	控制
年度效应	控制	控制	控制	控制	控制	控制	控制	控制
常数项	12.203*** （0.730）	−758.317*** （76.846）	−358.130*** （43.821）	−24.998*** （5.802）	5.863*** （0.403）	−677.812*** （53.420）	−559.587*** （36.270）	−37.931*** （3.897）
观测值数量	5854	1750	1575	1549	21489	4975	4867	4736
R^2	0.263	0.370	0.334	0.098	0.480	0.378	0.431	0.302

高新技术行业企业处于技术创新前沿，面临大量关键核心技术的攻关，我国企业在原始创新领域依然存在不足，重大原创成果偏少，高端芯片、工业软件、关键零部件、元器件、基础材料等领域仍受制于人，数字化转型更偏重于数字技术的应用以及对社会经济生产各个领域的渗透和融合（陶锋等，2023），数字化转型不能代替科技前沿领域的原始创新，关键核心技术原始创新能力的短板则会制约我国企业数字化转型的深度和成效。

第六节　稳健性检验

借鉴吴育辉等（2022）的做法，本章采用数字化特征词在上市公司年报中出现的总频数（wf）作为企业数字化转型的替代变量。特征词分为底层技术（人工智能、大数据、云计算）和数字技术运用两个层面，包括人工智能、商业智能、图像理解、投资决策辅助系统、智能数据分析、智能机器人、机器学习、深度学习、语义搜索、生物识别技术、人脸识别、语音识别、身份验证、自动驾驶、自然语言处理、大数据、数据挖掘、文本挖掘、数据可视化、异构数据、征信、增强现实、混合现实、虚拟现实、VR、云计算、流计算、图计算、内存计算、多方安全计算、类脑计算、绿色计算、认知计算、融合架构、亿级并发、EB 级存储、物联网、信息物理系统、区块链、数字货币、分布式计算、差分隐私技术、智能金融合约、移动互联网、工业互联网、移动互联、互联网医疗、电子商务、移动支付、第三方支付、NFC 支付、智能能源、B2B、B2C、C2B、C2C、O2O、网联、智能穿戴、智慧农业、智能交通、智能医疗、智能客服、智能家居、智能投顾、智能文旅、智能环保、智能电网、智能营销、数字营销、无人零售、互联网金融、数字金融、Fintech、金融科技、量化金融、开放银行。运用 Python 进行文本挖掘后汇总得到 2011~2021 年我国 A 股上市公司 33740 个词频数，均值为 12.9，最小值为 0，最大值为 550。

利用变量替换法，即使用对数化词频数（lnwf）替代数字化指数 dgt_idx，回归结果如表 4-8 所示。在 1% 的水平上，数字化转型对企业创新投入、创新产出和创新效率具有促进作用，企业规模（lnemployee）、企业年龄（estage）、财务杠杆率（Lev）和股权结构（Top5）对企业创新行为的影响也与表 4-3 基本一致，研究结论具有稳健性。

表 4-8　基于文本挖掘的数字化转型指数对创新的回归结果

变量	模型（1） RnD_ratio1	模型（2） RnD_ratio2	模型（3） Pat_app1	模型（4） Pat_app2	模型（5） Pat_awd1	模型（6） Pat_awd2	模型（7） Pat_eff1	模型（8） Pat_eff2
lnwf	0.138*** （0.011）	0.349*** （0.030）	12.961*** （2.695）	11.827*** （2.570）	7.443*** （1.863）	6.110*** （1.684）	0.783*** （0.261）	0.676*** （0.256）
lnemployee	0.127*** （0.014）	0.014 （0.033）	106.566*** （8.322）	100.299*** （7.660）	82.060*** （5.187）	73.230*** （4.305）	5.883*** （0.724）	5.588*** （0.709）

续表

变量	模型（1）RnD_ratio1	模型（2）RnD_ratio2	模型（3）Pat_app1	模型（4）Pat_app2	模型（5）Pat_awd1	模型（6）Pat_awd2	模型（7）Pat_eff1	模型（8）Pat_eff2
estage	−0.024*** （0.003）	−0.073*** （0.006）	−1.277* （0.702）	−1.267** （0.633）	−2.414*** （0.591）	−2.156*** （0.494）	−0.297*** （0.069）	−0.311*** （0.067）
Lev	−1.448*** （0.086）	−5.268*** （0.243）	−48.080*** （18.644）	−44.781** （17.609）	−64.221*** （15.063）	−57.505*** （13.348）	−5.872*** （1.686）	−6.106*** （1.669）
Ato	0.966*** （0.045）	−2.838*** （0.089）	−15.783 （15.524）	−19.406 （14.514）	−30.599*** （7.985）	−27.573*** （6.818）	−1.248** （0.613）	−1.151** （0.558）
Top5	−0.388*** （0.091）	−1.064*** （0.233）	45.170 （29.024）	45.902* （26.793）	66.845*** （18.759）	66.452*** （16.535）	2.065 （2.239）	2.698 （2.205）
Roa	0.234 （0.257）	−4.536*** （0.710）	187.565*** （51.044）	176.800*** （46.873）	−18.511 （32.811）	−27.784 （27.147）	−3.967* （2.367）	−5.010** （2.194）
SOE	−0.131*** （0.033）	−0.263*** （0.078）	−8.927 （10.131）	−8.636 （9.526）	7.023 （6.247）	7.241 （5.451）	0.090 （0.664）	0.379 （0.640）
省份效应	控制	控制	控制	控制	控制	控制	控制	控制
行业效应	控制	控制	控制	控制	控制	控制	控制	控制
年度效应	控制	控制	控制	控制	控制	控制	控制	控制
常数项	0.640*** （0.190）	8.726*** （0.538）	−808.427*** （65.487）	−754.628*** （60.248）	−621.629*** （48.198）	−562.150*** （41.421）	−41.272*** （4.727）	−39.575*** （4.581）
观测值数量	18204	17818	4196	4196	3973	3973	3904	3904
R^2	0.425	0.447	0.344	0.355	0.412	0.418	0.253	0.253

第七节　内生性讨论

一、二阶段最小二乘法（2SLS）

（一）滞后一期解释变量

数字化转型和创新相辅相成、难以分割，如数字技术创新能够推动企业数字化转型（陶锋等，2023）。又如本章第二节所述，CSMAR 的数字化指数 dgt_idx 包含了证监会行业层面与创新投入可能相关的指标（如数字资本投入强度、人力资本投入强度），以及国民经济行业层面的发明专利数量和企业层面的数字发明专利数量。以数字发明专利数量为例，其标准化数值在数字化成果评分中的权重为 0.2354，而后者在数字化指数 dgt_idx 中的权重为 0.2713，因此数字发明专利数量以 0.064 的权重直接进入了数字化指数 dgt_idx，所以需要对基础回归模型的内生性进行进一步讨论。

借鉴何帆和刘红霞（2019）的做法，本书采用滞后期模型检验法，引入核心解释变量的一阶滞后数（L.dgt_idx）作为 dgt_idx 的工具变量。工具变量的选取需要满足相关性和外生性（排他性）条件，一方面，企业数字化转型是一个长期的过程，具有路径依赖性，本期的数字化转型水平与前一期相关；另一方面，可以认为当前的创新活动不能影响以前的数字化转型水平，从而满足外生性条件。

运用二阶段最小二乘法（2SLS）（用 dgt_idx 的拟合值替代内生解释变量 dgt_idx）重新估计模型，结果如表 4-9 所示，对比表 4-9 和表 4-3 可知，除系数估计值略有差异外，在 1% 的水平上 dgt_idx 对企业创新绩效均有显著的正向影响，研究结论有较好的一致性。

表 4-9　数字化转型对创新的影响（滞后一期解释变量）

变量	模型（1）RnD_ratio1	模型（2）RnD_ratio2	模型（3）Pat_app1	模型（4）Pat_app2	模型（5）Pat_awd1	模型（6）Pat_awd2	模型（7）Pat_eff1	模型（8）Pat_eff2
dgt_idx	0.026***	0.058***	3.000***	2.938***	1.415***	1.189***	0.114***	0.093**
	（0.002）	（0.004）	（0.496）	（0.464）	（0.303）	（0.268）	（0.039）	（0.038）
lnemployee	0.057***	−0.123***	95.196***	89.739***	71.809***	64.946***	5.096***	4.885***
	（0.011）	（0.027）	（6.423）	（5.992）	（4.033）	（3.377）	（0.530）	（0.520）
estage	−0.023***	−0.060***	−1.321**	−1.427**	−2.143***	−1.959***	−0.260***	−0.270***
	（0.002）	（0.005）	（0.615）	（0.563）	（0.452）	（0.380）	（0.055）	（0.053）
Lev	−1.266***	−4.245***	−37.865***	−31.855**	−59.933***	−52.952***	−5.934***	−6.041***
	（0.066）	（0.182）	（14.410）	（13.505）	（11.764）	（10.512）	（1.347）	（1.339）
Ato	1.006***	−2.425***	−10.858	−13.769	−13.785**	−12.264**	−0.337	−0.274
	（0.037）	（0.067）	（11.396）	（10.673）	（6.524）	（5.761）	（0.551）	（0.529）
Top5	−0.119*	−0.279	76.509***	75.487***	70.814***	69.555***	3.085*	3.450**
	（0.071）	（0.178）	（23.160）	（21.514）	（13.737）	（12.292）	（1.595）	（1.573）
Roa	0.693***	−3.970***	149.444***	145.289***	−33.968	−35.292	−6.457***	−7.121***
	（0.214）	（0.617）	（41.020）	（37.932）	（27.978）	（24.390）	（2.246）	（2.175）

续表

变量	模型（1）RnD_ratio1	模型（2）RnD_ratio2	模型（3）Pat_app1	模型（4）Pat_app2	模型（5）Pat_awd1	模型（6）Pat_awd2	模型（7）Pat_eff1	模型（8）Pat_eff2
SOE	−0.101*** （0.024）	−0.274*** （0.058）	−10.943 （7.664）	−10.996 （7.219）	1.288 （4.841）	2.008 （4.365）	−0.123 （0.496）	0.090 （0.481）
省份效应	控制	控制	控制	控制	控制	控制	控制	控制
行业效应	控制	控制	控制	控制	控制	控制	控制	控制
年度效应	控制	控制	控制	控制	控制	控制	控制	控制
常数项	1.286*** （0.161）	8.316*** （0.411）	−749.185*** （55.965）	−703.561*** （51.462）	−528.851*** （36.093）	−478.466*** （31.194）	−34.395*** （3.581）	−32.236*** （3.444）
观测值数量	25278	24828	5652	5652	5629	5629	5562	5562
R^2	0.419	0.429	0.365	0.373	0.411	0.422	0.253	0.252

（二）球面距离工具变量

作为我国电子商务的发源地和数字经济的先发城市，杭州可以被看作全国数字化的标杆城市，本章以各个上市公司办公地点所在城市与杭州市的球面距离为基础构建数字化水平的工具变量。考虑到技术、知识的溢出性和生产活动的空间关联，可认为距离杭州越近的城市数字化转型程度越高；反之越低。球面距离并不随时间而变化，因此本章计算了每一年度某上市公司办公地所在城市的平均数字化指数（除去该公司）（digit）乘以该城市与杭州市的球面距离（dis_sph），digit 的数量级在 20~60（中位数约为 33），dis_sph 的数量级在 0~4000 千米（中位数约为 780 千米），交互项 dist × digit 的值主要由球面距离 dis_sph 决定，dist × digit 的值越大说明该城市上市公司整体数字化水平偏弱。一方面，公司个体的数字化转型程度会受到所在城市整体数字化程度的影响，满足相关性要求；另一方面，可认为单个公司的特质对城市整体数字化水平的作用可以忽略，满足外生性要求。因办公地点在杭州市的上市公司对应的球面距离和交互项为 0，本章将 dist × digit 加 1 之后取对数，得到变量 lndist × digit。

将 lndist × digit 当作工具变量，运用二阶段最小二乘法重新估计模型，结果如表 4-10 所示，可见数字化指数对研发投入和专利申请数量依然具有显著的积极影响。

表 4-10 数字化转型对创新的影响（球面距离工具变量）

变量	模型（1）RnD_ratio1	模型（2）RnD_ratio2	模型（3）Pat_app1	模型（4）Pat_app2	模型（5）Pat_awd1	模型（6）Pat_awd2	模型（7）Pat_eff1	模型（8）Pat_eff2
dgt_idx	0.158*** （0.030）	0.564*** （0.084）	18.012** （7.781）	17.450** （7.685）	2.798 （3.434）	2.793 （3.441）	0.122 （0.149）	0.126 （0.150）
lnemployee	−0.167*** （0.058）	−1.084*** （0.174）	170.857*** （26.517）	166.838*** （26.134）	109.164*** （13.501）	103.607*** （13.346）	4.920*** （0.592）	4.678*** （0.586）
estage	−0.026*** （0.003）	−0.124*** （0.024）	−3.157 （2.087）	−3.652* （2.025）	−5.934*** （1.228）	−6.249*** （1.203）	−0.262*** （0.053）	−0.275*** （0.052）
Lev	−1.160*** （0.101）	−5.307*** （0.829）	−125.780*** （35.973）	−122.177*** （35.482）	−130.466*** （28.634）	−132.981*** （28.495）	−5.535*** （1.266）	−5.658*** （1.259）
Ato	1.065*** （0.047）	−2.417*** （0.137）	−43.710 （29.509）	−40.553 （28.883）	−14.090 （12.777）	−11.560 （12.411）	−0.431 （0.515）	−0.377 （0.496）
Top5	0.885*** （0.242）	3.657*** （0.736）	68.195 （71.868）	66.618 （71.350）	70.154* （40.080）	82.194** （39.694）	3.265* （1.801）	3.799** （1.784）
Roa	1.219*** （0.396）	−9.478** （4.146）	468.276*** （148.409）	438.389*** （146.130）	−90.066 （58.480）	−110.774* （56.832）	−4.293* （2.578）	−4.865* （2.518）
SOE	−0.026 （0.045）	0.112 （0.134）	−14.234 （24.551）	−14.723 （24.077）	2.578 （11.607）	6.969 （11.303）	0.037 （0.517）	0.288 （0.504）
省份效应	控制	控制	控制	控制	控制	控制	控制	控制
行业效应	控制	控制	控制	控制	控制	控制	控制	控制
年度效应	控制	控制	控制	控制	控制	控制	控制	控制
常数项	−2.563*** （0.609）	−1.621 （1.642）	−1758.5*** （230.433）	−1705.6*** （227.600）	−867.816*** （106.626）	−831.783*** （104.800）	−38.752*** （4.665）	−37.398*** （4.586）
观测值数量	26732	25888	6364	6364	6116	6116	5968	5968
R^2	0.156		0.259	0.260	0.260	0.260	0.249	0.248

二、倾向得分匹配法与加权最小二乘法（WLS）

首先计算倾向得分，考虑到数字化转型指数 dgt_idx 是一个非零的连续变量，本书选择词频 wf 代替数字化指数，同时构造虚拟变量 digit，wf 为 0 时取值为 0，wf 不为 0 时取值为 1。将年报文本中未出现数字化特征词的样本当作对照组，至少出现过一个数字化特征词的样本当作处理组，构建 Logit 模型计算倾向得分，此倾向得分可以看作企业进行数字化的概率。从表 4-11 中可以看出，专利授权量 Pat_app2 对 digit 具有显著的正向影响，在其他因素不变的情况下，企业创新产出越多，实施数字化转型的概率越大。

表 4-11　Logit 模型回归结果

解释变量	digit			
	系数估计值	稳健标准误	P > |z|	95% 置信区间
Pat_app2	0.000185**	0.0000759	0.015	0.0000365　0.000334
lnemployee	0.1505773***	0.0280335	0.000	0.0956328　0.2055219
estage	0.0357524***	0.0047949	0.000	0.0263546　0.0451501
Lev	−0.1399976	0.1685092	0.406	−0.4702695　0.1902744
Ato	−0.1991543***	0.0728885	0.006	−0.3420132　−0.0562953
Top5	−0.4462312**	0.1795302	0.013	−0.7981041　−0.0943584
Roa	0.6171813	0.4463858	0.167	−0.2577189　1.492081
SOE	−0.4402871***	0.062088	0.000	−0.5619773　−0.318597
常数项	−0.7319963***	0.2116155	0.001	−1.146755　−0.3172377
观测值	6725			

然后利用加权最小二乘法进行估计，倾向得分（ps）越大的样本意味着 dgt_idx 的内生性越强，故在回归中应给予较少的考量，因此本书以倾向得分的倒数（1/ps）作为权重进行加权最小二乘法回归以减少内生性的影响。回归结果如表 4-12 所示，其与表 4-3 的研究结论基本一致。

表 4-12　数字化转型对创新的影响（加权最小二乘法）

变量	模型（1） RnD_ratio1	模型（2） RnD_ratio2	模型（3） Pat_app1	模型（4） Pat_app2	模型（5） Pat_awd1	模型（6） Pat_awd2	模型（7） Pat_eff1	模型（8） Pat_eff2
dgt_idx	0.020*** （0.005）	−0.658 （0.693）	4.712*** （0.967）	4.668*** （0.960）	1.721*** （0.644）	1.395** （0.628）	0.084*** （0.029）	0.070** （0.028）
lnemployee	0.033 （0.031）	5.702 （6.355）	147.022*** （15.649）	143.289*** （15.414）	78.750*** （11.625）	73.515*** （11.361）	3.522*** （0.528）	3.306*** （0.517）

续表

变量	模型（1）RnD_ratio1	模型（2）RnD_ratio2	模型（3）Pat_app1	模型（4）Pat_app2	模型（5）Pat_awd1	模型（6）Pat_awd2	模型（7）Pat_eff1	模型（8）Pat_eff2
estage	−0.047*** （0.007）	−1.091* （0.584）	−1.677 （1.335）	−2.051 （1.291）	−2.545** （1.080）	−2.761*** （1.045）	−0.119** （0.047）	−0.126*** （0.045）
Lev	−1.841*** （0.266）	−119.138 （87.842）	−93.746*** （25.580）	−91.257*** （25.262）	−45.237** （22.553）	−46.930** （22.330）	−1.275 （0.853）	−1.385* （0.841）
Ato	1.428*** （0.099）	−13.665 （16.365）	−21.240 （19.900）	−20.493 （19.471）	−18.008 （14.865）	−15.178 （14.422）	−0.974** （0.385）	−0.918*** （0.350）
Top5	0.227 （0.272）	44.600 （31.760）	24.314 （35.442）	26.947 （35.263）	36.649 （34.904）	48.242 （34.401）	1.692 （1.594）	2.175 （1.572）
Roa	−4.261*** （1.461）	−579.408 （394.228）	246.972*** （88.637）	231.241*** （86.806）	−7.693 （46.737）	−27.141 （43.868）	0.577 （1.715）	0.108 （1.583）
SOE	0.030 （0.110）	−5.700 （7.148）	−21.091 （15.223）	−20.821 （14.910）	−14.223 （11.668）	−10.793 （11.329）	−0.677 （0.524）	−0.476 （0.509）
省份效应	控制	控制	控制	控制	控制	控制	控制	控制
行业效应	控制	控制	控制	控制	控制	控制	控制	控制
年度效应	控制	控制	控制	控制	控制	控制	控制	控制
常数项	0.864** （0.346）	111.238 （86.745）	−1194.745*** （125.829）	−1161.670*** （123.799）	−668.661*** （94.066）	−626.654*** （91.416）	−29.736*** （4.212）	−28.087*** （4.097）
观测值数量	6559	6407	6725	6725	3985	3985	3891	3891
R^2	0.243	0.012	0.255	0.256	0.287	0.291	0.267	0.269

第八节　本章小结

本章选取我国 A 股上市公司 2011~2021 年数据分析数字化转型对企业创新绩效的影响，基本回归结果发现，样本期内数字化转型水平对企业创新投入、创新产出和创新效率均具有显著的积极影响，用文本挖掘构造数字化特征词词频替代数字化转型指数不改变本书研究结论，分别运用工具变量和二阶段最小二乘法、倾向得分匹配法和加权最小二乘法缓解内生性问题，回归结果亦与上述研究结论基本一致。

数字化转型对企业创新绩效的正向影响在不同类型企业之间存在明显的异质性。对国有企业和非国有企业，数字化转型对于创新投入和创新产出的影响差异不大，但在非国有企业中更能实现数字化转型对创新效率的促进作用，大型企业中数字化转型对于创新投入、创新产出和创新效率的促进作用要显著大于小型企业，非劳动密集型企业中数字化转型对于创新产出和创新效率的积极作用明显大于劳动密集型企业，数字化转型对高新技术行业企业创新效率的促进作用弱于非高新技术行业企业，数字化转型对企业创新效率的影响呈现倒 U 型的非线性关系，在中等技术密集型的企业中发挥最大的效果，因此数字化转型不能代替关键核心技术前沿领域的原始创新。

第五章　ESG 表现、数字化转型与企业创新

我国经济已经由高速增长转为高质量发展，贯彻绿色发展理念、兼顾生态环境和社会长远利益是一个刻不容缓的问题，党的二十大报告指出，尊重自然、顺应自然、保护自然是全面建设社会主义现代化国家的内在要求，必须牢固树立和践行“绿水青山就是金山银山”的理念，站在人与自然和谐共生的高度谋划发展。2006 年，联合国责任投资原则组织提出了 ESG（Environment，Social and Governance）投资理念，系统化考察企业环境、社会责任和公司治理因素，此理念代表更加绿色的发展方式、更加负责的企业形象以及更加有效的公司治理机制，与我国新发展阶段的新发展理念高度契合，是实现我国经济发展方式转型、促进经济高质量发展的有效手段。

在市场和投资者越发重视 ESG 发展理念的背景下，数字化转型成为提升企业 ESG 表现和竞争力的重要途径，大数据、云计算、物联网、区块链和人工智能等现代技术推动了数字经济的蓬勃发展，数字经济和实体经济的深度融合为贯彻 ESG 理念的落实创造了重要机遇。以“双碳”目标为例，企业脱碳需要全面提升公司内部治理能力，并获得大规模、低成本、高质量的指导，而数字化平台的建设能帮助企业有效应对这些挑战，另外，数字技术的应用能够为传统高污染行业的绿色低碳转型提供解决方案、提升资源利用效率和绿色管理效率。数字化转型可以提升企业运营的数字化和透明化以提高 ESG 信息披露的时效性和精确性，ESG 评价体系本身有赖于数字化技术提升大数据抓取、处理的能力，有赖于人工智能算法提升评级准确性和预测能力。

学术界针对 ESG 表现对于企业价值和企业经营效率的影响已经做了较多的研究，如 Lins 等（2017）认为企业良好的 ESG 表现有利于其维护与利益相关者的友好关系以积累社会资本、提升企业价值，Houston 和 Shan（2022）认为在信息不对称的环境下，企业 ESG 表现有助于其获得金融机构、供应商、客户等关

联方的信任以降低经营成本、提高经营效率，谢红军和吕雪（2022）认为 ESG 可以使企业避开企业投资中的安全审查或环境保护等隐性壁垒，方先明和胡丁（2023）从理论和实证方面分析了 ESG 表现对企业创新的影响，其认为 ESG 表现通过缓解融资约束、提高员工创新效率和风险承担水平等机制促进企业创新。

但学术界缺乏对数字化转型的调节效应的研究，本章选择我国 A 股上市公司数据与华证 ESG 评级数据，重点分析企业 ESG 表现对其创新绩效的影响以考察数字化转型在传导机制中的作用。

本章的创新之处在于：其一，揭示了 ESG 表现对企业创新产出和创新效率的影响，丰富了相关研究；其二，通过中介效应和调节效应检验证实了数字化转型能够加大 ESG 表现对融资约束的缓解作用，进而积极促进企业的创新活动；其三，研究了所有制异质、地域异质、要素密集度异质、污染异质情况下 ESG 表现提升企业创新绩效的程度差异；其四，有利于社会各界更好地理解 ESG 理念和数字化转型的关系以及对企业发展的重要意义，有利于企业加强 ESG 责任履行和推进数字化转型。

第一节　理论分析与研究假设

一、ESG 表现与企业创新

创新是企业获得超额利润和市场优势的重要手段，但创新具有成本高、回收期长、未来收益不确定等特点。在两权分离的现代管理制度下，委托—代理关系存在潜在风险，国有企业则存在多重委托—代理关系，因此国有企业管理层出于自身目标函数的考虑，更倾向于短期利润和保守的常规投资，对有利于企业长远发展，但风险较大的创新项目缺乏足够的关注（郑志刚等，2021）。

ESG 理念使政府、企业和公众注重经济价值和社会价值、短期利益和长期利益的平衡，有利于打破上述创新的困境，环境压力使企业加强创新以淘汰高能耗、高污染的生产技术和落后产能，从而实现高质量发展，具有 ESG 优势的企业更容易得到社会的认可和激励，如获得税收优惠、财政补贴等政策倾斜，从而降低创新成本、提高创新水平（马文杰和胡玥，2022）。

ESG理念促使企业将环境保护、社会责任履行等具有正外部效应的行为内部化，使企业更好地维系其外部网络、降低其运营和创新成本。ESG理念可以缓解企业普遍存在的委托—代理问题，促进企业的经理层和股东的激励相容，提升管理层和股东的风险承担意愿以促进企业的创新活动。ESG表现有助于提升企业信息透明度，帮助利益相关者加强对企业的监督。ESG表现较好的企业容易获得银行低息贷款和政府政策支持，其声誉资本也可以有效控制经营风险、降低金融摩擦、缓解融资约束，从而为创新活动提供更多的资源投入。因此，本章提出如下假设：

假设5-1：ESG表现能促进企业的创新绩效。

假设5-2：ESG表现通过缓解融资约束促进企业的创新绩效。

二、ESG表现与数字化转型

ESG理念和数字化转型相辅相成、互相促进，贯彻ESG理念是企业推进数字化转型的重要助力，同时推进数字化转型是企业提升ESG表现的重要途径，在ESG理念下，企业面临更高的合法性要求、道德文化约束和社会公众期望，有动力应用数字技术重塑价值链和组织体系并推进生产经营过程的数字化和透明化。数字化转型增强了企业对数据的挖掘和处理能力，促使企业的数据分析过程从简单抽样转变为总体分析、从因果关系转向相关分析、从报表统计转向数据挖掘和智能分析，从而有效提升企业ESG信息披露的质量和及时性。

ESG理念引导企业生产要素流向绿色节能产品的开发和先进工艺流程的重塑。数字化技术能够有效记录并智能运用企业生产运营过程中的海量数据，提高产品的开发速度和完成质量，使企业精准把握客户需求、降低信息不对称和市场风险以改善创新生态系统。数字技术打破企业经营活动的时空限制和传统信息壁垒，帮助企业快速响应市场变化，数字化转型提升了企业ESG信息的真实性和及时性、增强了企业财务信息和非财务信息对相关利益各方的可信度、提高了企业融资能力并降低了融资利息成本。基于上述分析，本章进一步提出以下研究假设：

假设5-3：数字化转型正向调节ESG表现对企业创新绩效的积极作用。

假设5-4：数字化转型正向调节ESG对融资约束的缓解作用，从而促进企业创新绩效。

第二节　研究设计

一、模型设定

结合以上研究主题和研究假设，本章以企业创新绩效为被解释变量、以 ESG 表现为核心解释变量设定不平衡的面板回归模型。因本章样本中个体数量较多导致设定个体固定效应将损失大量自由度，故只在模型中考虑行业固定效应、省份固定效应和年份固定效应，具体设定模型如下：

$$Innovation_{i,t} = \alpha_0 + \alpha_1 ESG_{i,t} + \gamma\, Control_{i,t} + \sum_j Industry_j + \sum_k Province_k + \sum_t Year_t + \varepsilon_{i,t} \tag{5-1}$$

式中，$Innovation_{i,t}$ 为企业 i 在 t 年的创新绩效，包括专利申请总量、专利授权总量和既定投入下的专利申请数量（创新效率）；$ESG_{i,t}$ 为企业当年的环境、社会责任和公司治理表现；$Control_{i,t}$ 为控制变量；$Industry_j$、$Province_k$ 和 $Year_t$ 分别为行业、省份和年度虚拟变量，$\varepsilon_{i,t}$ 为随机扰动项。

为考察 ESG、数字化转型和企业创新绩效之间的关系，本章对数字化指数 dgt_idx 和 ESG 进行中心化处理，使用上述中心化变量的乘积构建交叉项 ESG_dgtidx，将 dgt_idx、ESG 和交互项作为解释变量引入模型（5-1）可进行调节效应检验。

二、变量说明

（一）被解释变量

本章从创新产出和创新效率两个方面衡量企业创新绩效，创新产出考察企业专利申请、专利授权数量，创新效率衡量企业既定研发投入下的专利申请数量。李雪松等（2022）认为专利授权易受到官僚因素的影响，具有一定的不确定性和不稳定性，且审核周期较长，而专利申请数量更能反映企业的资源投入力度和使用效率。具体变量的定义与构造方法如表 5-1 所示。

表 5-1　ESG 表现、数字化转型与企业创新研究的被解释变量定义和构造方法

创新绩效	变量名称	变量定义和构造方法
创新产出	Pat_app1	企业年度发明专利、实用新型和外观设计专利的总申请量

续表

创新绩效	变量名称	变量定义和构造方法
创新产出	Pat_app2	企业年度发明专利、实用新型和外观设计专利的总申请量，3 种专利的权重按照 3：2：1 进行加权平均
	Pat_awd1	企业年度发明专利、实用新型和外观设计专利的总授权量
	Pat_awd2	企业年度发明专利、实用新型和外观设计专利的总授权量，3 种专利的权重按照 3：2：1 进行加权平均
创新效率	Pat_eff1	创新效率，用每单位研发投入的专利申请数作为创新效率的综合指标，计算方法为 Pat_app1/ln（1+ 研发投入）
	Pat_eff2	创新效率，用每单位研发投入的专利申请数作为创新效率的综合指标，计算方法为 Pat_app2/ln（1+ 研发投入）

（二）核心解释变量

本章核心解释变量为企业的 ESG 表现，选用华证指数的 ESG 评级作为代理变量。华证 ESG 评级具有贴近我国市场、覆盖范围广泛、时效性高等特点（陈红和张凌霄，2023），评级持续年限较长且已得到业界和学术界的认可和运用，华证 ESG 评级从低到高分为 C、CC、CCC、B、BB、BBB、A、AA、AAA 共 9 个等级，本章根据评级依次赋分为 1，2，…，9，同时将企业各季度评分取均值以衡量其年度 ESG 表现。

（三）调节效应变量

将国泰安（CSMAR）中国数字经济研究数据库的上市公司数字化转型综合指数定义为 lndgt_idx，该指数跨度为 2011~2021 年，综合了环境支撑、技术驱动、战略引领、组织赋能、数字化成果、数字化应用六大类一级指标和 30 多项二级指标，具体如第四章第二节所述。

（四）控制变量

借鉴方先明和胡丁（2023）的研究，公司、行业层面选取的控制变量包括对数化的企业年龄（lnestage）、股权集中度（Top5，前五大股东持股比例）、高管持股比例（Mang_ratio）、独立董事占比（IndDir_ratio）、两职合一（Duality，董事长和总经理是否为同一人）、营利能力（Roa）、企业增长率（Growth）、资产负债率（Lev）、资产周转率（Ato）、固定资产比例（Fix_ratio）、账面市值比（MtoB）、企业规模（lnemployee，员工总人数的对数）、产权属性（SOE，是否为国企）以及行业竞争性 HHI（赫芬达尔—赫希曼指数，衡量行业集中度），另外，本章还控制了省份、行业和年份固定效应。

三、样本选择与数据来源

本章选取2011~2021年我国A股上市公司的年度数据为初始样本，华证ESG数据取自Wind资讯金融终端，彭博（Bloomberg）ESG评分取自彭博数据终端，专利数据、数字化指数、其余公司层面的财务数据和行业特征数据取自CSMAR数据库。

对样本进行如下处理：①剔除了金融保险行业的公司；②剔除了ST、S*ST和*ST公司，只保留正常上市的样本；③剔除了IPO当年的公司样本；④为消除异常值的影响，依据年份对所有连续型变量进行了上下1%分位数的缩尾。

四、描述性分析

描述性统计如表5-2所示。2011~2021年，ESG均值为4.1，说明我国样本企业的平均ESG评级在B以上，ESG最小值为1、最大值为8，说明我国样本企业的最低ESG评级为C，但没有一家企业能够达到最高等级AAA。表5-2最右边一列的方差膨胀因子（VIF）显示所有主要控制变量的VIF值均在10以下，排除了这些控制变量存在严重的多重共线性问题的可能。

表5-2 ESG表现、数字化转型与企业创新研究的主要变量的描述性统计

变量	观测值数量	均值	标准差	极小值	极大值	VIF
ln1_Pat_app1	8071	3.269	1.397	0.693	9.737	—
ln1_Pat_app2	8071	3.224	1.404	0.288	9.737	—
ln1_Pat_awd1	7436	3.047	1.355	0.693	9.503	—
ln1_Pat_awd2	7436	2.866	1.417	0.154	9.503	—
Pat_eff1	6766	3.792	17.006	0.050	601.473	—
Pat_eff2	6766	3.528	16.773	0.010	601.473	—
ESG	33757	4.100	1.081	1.000	8.000	—
lndgt_idx	36046	3.536	0.268	3.086	4.190	—
lnestage	36126	2.832	0.366	1.099	3.584	1.860
Roa	34688	0.039	0.073	-0.440	0.272	1.960

续表

变量	观测值数量	均值	标准差	极小值	极大值	VIF
Lev	34689	0.431	0.221	0.029	1.292	3.150
Ato	34688	0.626	0.444	0.023	2.982	1.910
MtoB	33095	0.302	0.170	−0.720	2.292	2.000
Duality	33281	0.288	0.453	0.000	1.000	1.290
Fix_ratio	33744	0.203	0.162	0.000	0.971	2.130
Growth	33665	4.606	330.430	−10.924	59412.550	1.230
lnemployee	35739	7.584	1.319	3.091	11.386	2.320
Top5	34649	0.536	0.156	0.171	0.902	1.580
IndDir_ratio	33757	0.379	0.066	0.100	0.800	1.180
Mang_ratio	32768	13.758	19.937	0.000	89.990	1.820
SOE	36447	0.292	0.455	0.000	1.000	2.000
HHI	33497	0.146	0.142	0.032	1.000	6.860

第三节　实证结果与分析

一、基准回归结果

表 5–3 列出了企业 ESG 表现对创新绩效的基准回归结果，被解释变量分别为专利申请数量、专利授权数量和创新效率，所有回归均控制了企业层面特性和省份、行业、年度固定效应。表 5–3 显示在 1% 的水平上，ESG 表现对企业创新产出和创新效率均有积极的促进作用，假设 5–1 得以验证。

控制变量中企业年龄（lnestage）对创新绩效具有显著的负面影响，与预期相符，随着企业进入成熟和衰退阶段，可能由于现金流稳定、机构臃肿、人员冗余等诸多因素而缺乏创新动力。固定资产比例（Fix_ratio）太高会挤占创新投资，对企业创新绩效会产生显著的负向影响，账面市值比（MtoB）对企业创新产生了消极作用，与虞义华等（2018）的研究类似，企业规模（lnemployee）对创新具有显著的积极影响，规模越大越容易发挥分工和协同作用，企业创新产出和创新效率相应越高，与方先明和胡丁（2023）的研究一致。

表 5-3 ESG 表现对企业创新绩效的影响

变量	模型（1） ln1_Pat_app1	模型（2） ln1_Pat_app2	模型（3） ln1_Pat_awd1	模型（4） ln1_Pat_awd2	模型（5） Pat_eff1	模型（6） Pat_eff2
ESG	0.081*** （0.015）	0.090*** （0.015）	0.027* （0.014）	0.034** （0.015）	0.638** （0.270）	0.632** （0.267）
lnestage	−0.150*** （0.041）	−0.187*** （0.041）	−0.159*** （0.042）	−0.230*** （0.044）	−2.830*** （0.641）	−3.003*** （0.626）
Roa	0.414* （0.250）	0.222 （0.248）	−0.045 （0.243）	0.212 （0.264）	−9.506*** （2.640）	−9.840*** （2.612）
Lev	−0.163 （0.106）	−0.197* （0.108）	−0.143 （0.108）	−0.151 （0.114）	−5.964*** （1.770）	−5.970*** （1.748）
Ato	−0.084* （0.044）	−0.113** （0.044）	−0.078* （0.046）	−0.086* （0.048）	−0.082 （0.498）	−0.025 （0.476）
MtoB	−0.591*** （0.107）	−0.679*** （0.107）	−0.275** （0.109）	−0.231** （0.114）	−3.478** （1.413）	−3.374** （1.383）
Duality	0.074** （0.030）	0.065** （0.031）	0.007 （0.031）	−0.003 （0.032）	0.763 （0.516）	0.595 （0.498）
Fix_ratio	−1.004*** （0.121）	−0.986*** （0.122）	−0.835*** （0.118）	−0.913*** （0.123）	−6.004*** （1.129）	−5.492*** （1.060）
Growth	−0.000*** （0.000）	−0.000*** （0.000）	0.000** （0.000）	−0.000*** （0.000）	0.003** （0.001）	0.003** （0.001）
lnemployee	0.674*** （0.017）	0.679*** （0.017）	0.664*** （0.016）	0.687*** （0.017）	4.769*** （0.547）	4.501*** （0.533）
Top5	0.242** （0.099）	0.296*** （0.101）	0.176* （0.095）	0.279*** （0.100）	1.100 （1.630）	1.593 （1.600）
IndDir_ratio	0.216 （0.213）	0.260 （0.215）	0.778*** （0.202）	0.825*** （0.212）	17.354** （6.867）	17.632*** （6.841）
Mang_ratio	−0.001* （0.001）	−0.001 （0.001）	−0.001 （0.001）	−0.000 （0.001）	−0.004 （0.005）	−0.004 （0.005）
SOE	0.083** （0.038）	0.055 （0.038）	0.085** （0.036）	0.163*** （0.038）	−0.015 （0.652）	0.179 （0.637）

续表

变量	模型（1）ln1_Pat_app1	模型（2）ln1_Pat_app2	模型（3）ln1_Pat_awd1	模型（4）ln1_Pat_awd2	模型（5）Pat_eff1	模型（6）Pat_eff2
HHI	−0.030 （0.202）	−0.022 （0.202）	0.432 （0.268）	0.464* （0.264）	4.033** （1.625）	3.652** （1.592）
省份效应	控制	控制	控制	控制	控制	控制
行业效应	控制	控制	控制	控制	控制	控制
年度效应	控制	控制	控制	控制	控制	控制
常数项	−2.725*** （0.262）	−2.607*** （0.263）	−3.696*** （0.289）	−4.229*** （0.299）	−36.136*** （4.869）	−34.191*** （4.758）
观测值数量	6121	6121	5907	5907	5767	5767
R^2	0.511	0.503	0.499	0.495	0.235	0.234

注：括号内为稳健标准误，*、** 和 *** 分别表示在 10%、5% 和 1% 的水平上显著。本章下同。

二、稳健性检验

考虑到上市公司有动机夸大 ESG 表现以树立社会形象，评级机构也可能受其误导（方先明和胡丁，2023），为避免华证 ESG 评级信息失真，采用变量替换法，即使用彭博 ESG 评分（BB_ESG）替换关键解释变量 ESG 进行稳健性检验。彭博 ESG 评分的取值范围是［0，100］，分数越高说明上市公司 ESG 表现越好，彭博 ESG 评分数据缺失较多导致有效样本为 2000 多个，表 5–4 列出了稳健性检验的结果，易知替换关键解释变量并未改变基本结论。

表 5–4　彭博 ESG 评分对企业创新绩效的影响

变量	模型（1）ln1_Pat_app1	模型（2）ln1_Pat_app2	模型（3）ln1_Pat_awd1	模型（4）ln1_Pat_awd2	模型（5）Pat_eff1	模型（6）Pat_eff2
BB_ESG	0.017*** （0.004）	0.018*** （0.004）	0.009*** （0.004）	0.010*** （0.004）	0.348*** （0.134）	0.360*** （0.133）
lnestage	−0.181** （0.087）	−0.240*** （0.087）	−0.258*** （0.077）	−0.321*** （0.080）	−4.794*** （1.540）	−5.108*** （1.483）
Roa	0.745 （0.496）	0.689 （0.483）	−0.380 （0.421）	−0.250 （0.442）	−15.934** （6.449）	−16.846*** （6.348）

续表

变量	模型（1） ln1_Pat_app1	模型（2） ln1_Pat_app2	模型（3） ln1_Pat_awd1	模型（4） ln1_Pat_awd2	模型（5） Pat_eff1	模型（6） Pat_eff2
Lev	-0.396* （0.205）	-0.338 （0.207）	-0.418** （0.185）	-0.395** （0.197）	-10.130*** （3.627）	-10.079*** （3.574）
Ato	-0.064 （0.069）	-0.056 （0.069）	-0.085 （0.067）	-0.098 （0.070）	0.795 （1.075）	0.873 （1.036）
MtoB	-0.536** （0.225）	-0.524** （0.222）	-0.032 （0.211）	0.005 （0.222）	-1.144 （3.128）	-0.966 （3.055）
Duality	0.048 （0.062）	0.044 （0.063）	-0.079 （0.064）	-0.090 （0.066）	1.098 （1.752）	0.699 （1.709）
Fix_ratio	-0.860*** （0.226）	-0.906*** （0.227）	-0.635*** （0.203）	-0.606*** （0.214）	-11.296*** （2.975）	-9.746*** （2.792）
Growth	-0.002 （0.010）	-0.003 （0.011）	0.005 （0.007）	0.003 （0.007）	-0.047 （0.072）	-0.044 （0.068）
lnemployee	0.696*** （0.032）	0.690*** （0.032）	0.702*** （0.028）	0.739*** （0.029）	7.478*** （1.002）	6.925*** （0.961）
Top5	0.042 （0.195）	0.086 （0.197）	0.012 （0.189）	0.121 （0.194）	-8.299 （5.676）	-6.592 （5.583）
IndDir_ratio	-0.708* （0.419）	-0.631 （0.422）	0.812** （0.361）	0.977*** （0.371）	31.981* （16.362）	33.324** （16.281）
Mang_ratio	-0.000 （0.002）	-0.000 （0.002）	0.000 （0.002）	0.001 （0.002）	-0.002 （0.019）	-0.001 （0.018）
SOE	0.093 （0.065）	0.070 （0.067）	0.073 （0.062）	0.074 （0.066）	-0.890 （1.504）	-0.837 （1.473）
HHI	0.059 （0.373）	0.009 （0.367）	0.569 （0.471）	0.827* （0.473）	7.151* （4.139）	6.771* （4.054）
省份效应	控制	控制	控制	控制	控制	控制
行业效应	控制	控制	控制	控制	控制	控制
年度效应	控制	控制	控制	控制	控制	控制
常数项	-1.850*** （0.442）	-1.649*** （0.446）	-3.357*** （0.554）	-3.913*** （0.537）	-56.319*** （9.566）	-52.605*** （9.275）
观测值数量	2082	2082	2176	2176	2093	2093
R^2	0.614	0.607	0.597	0.597	0.294	0.293

三、内生性讨论

基准模型可能存在遗漏变量或反向因果关系导致的内生性问题，产生估计偏误，本章分别采用滞后期模型检验法和两阶段最小二乘法（2SLS）缓解内生性问题。

（一）滞后期模型检验法

滞后解释变量一般与当期内生变量相关而不受当期被解释变量的影响，可以解决逆向因果关系造成的内生性问题。表 5-5 列出了滞后一期 ESG 对企业创新绩效的影响，在 1% 和 10% 的水平上，滞后一期 ESG 对企业专利申请总数和既定投入的专利申请数量（创新效率）具有积极的影响，对专利授权数量没有显著影响。相比于专利授权数量，李雪松等（2022）认为专利申请数量更能反映企业的资源投入力度和使用效率。

表 5-5 滞后一期 ESG 对企业创新绩效的影响

变量	模型（1） ln1_Pat_app1	模型（2） ln1_Pat_app2	模型（3） ln1_Pat_awd1	模型（4） ln1_Pat_awd2	模型（5） Pat_eff1	模型（6） Pat_eff2
L.ESG	0.082*** （0.017）	0.095*** （0.017）	0.017 （0.016）	0.023 （0.017）	0.482* （0.287）	0.488* （0.284）
lnestage	−0.103** （0.050）	−0.157*** （0.051）	−0.170*** （0.048）	−0.247*** （0.051）	−3.206*** （0.772）	−3.415*** （0.750）
Roa	0.483* （0.278）	0.424 （0.274）	−0.043 （0.254）	0.161 （0.277）	−11.325*** （2.973）	−11.664*** （2.947）
Lev	−0.249** （0.117）	−0.245** （0.118）	−0.202* （0.115）	−0.234* （0.122）	−7.281*** （2.074）	−7.174*** （2.047）
Ato	−0.122** （0.048）	−0.146*** （0.049）	−0.100** （0.050）	−0.117** （0.053）	−0.030 （0.572）	0.040 （0.545）
MtoB	−0.604*** （0.122）	−0.645*** （0.122）	−0.332*** （0.120）	−0.325*** （0.126）	−4.371*** （1.635）	−4.240*** （1.600）
Duality	0.084** （0.034）	0.081** （0.035）	0.004 （0.034）	−0.013 （0.035）	0.767 （0.603）	0.569 （0.582）
Fix_ratio	−1.033*** （0.131）	−1.024*** （0.132）	−0.785*** （0.125）	−0.842*** （0.131）	−5.716*** （1.174）	−5.135*** （1.093）
Growth	0.000 （0.004）	−0.001 （0.004）	−0.003 （0.006）	−0.003 （0.005）	−0.035 （0.031）	−0.028 （0.030）

续表

变量	模型（1） ln1_Pat_app1	模型（2） ln1_Pat_app2	模型（3） ln1_Pat_awd1	模型（4） ln1_Pat_awd2	模型（5） Pat_eff1	模型（6） Pat_eff2
lnemployee	0.703*** （0.019）	0.702*** （0.019）	0.688*** （0.017）	0.720*** （0.018）	5.161*** （0.628）	4.857*** （0.611）
Top5	0.306*** （0.111）	0.363*** （0.112）	0.170* （0.103）	0.269** （0.109）	1.301 （1.793）	1.835 （1.759）
IndDir_ratio	0.227 （0.233）	0.237 （0.235）	0.758*** （0.215）	0.823*** （0.225）	19.050** （7.610）	19.477** （7.580）
Mang_ratio	−0.001 （0.001）	−0.000 （0.001）	−0.000 （0.001）	0.000 （0.001）	−0.005 （0.006）	−0.005 （0.006）
SOE	0.085** （0.040）	0.063 （0.041）	0.094** （0.038）	0.172*** （0.041）	−0.058 （0.706）	0.142 （0.690）
HHI	−0.162 （0.311）	−0.164 （0.307）	0.629* （0.366）	0.579 （0.378）	6.767*** （2.394）	6.181*** （2.323）
省份效应	控制	控制	控制	控制	控制	控制
行业效应	控制	控制	控制	控制	控制	控制
年度效应	控制	控制	控制	控制	控制	控制
常数项	−2.814*** （0.293）	−2.654*** （0.294）	−3.652*** （0.305）	−4.135*** （0.318）	−38.748*** （5.520）	−36.489*** （5.380）
观测值数量	5008	5008	5084	5084	5025	5025
R^2	0.526	0.521	0.510	0.504	0.241	0.240

（二）两阶段最小二乘法（2SLS）

工具变量的选取需要满足相关性和外生性（排他性）条件，借鉴王波和杨茂佳（2022）、陈红和张凌霄（2023）的做法，本章采用行业年度 ESG 均值作为 ESG 的工具变量，企业 ESG 表现与同年度行业 ESG 平均表现具有较强的相关性，而行业 ESG 平均表现不会直接影响单个企业的创新绩效，因此符合工具变量的相关性和外生性要求。运用两阶段最小二乘法估计 ESG 对企业创新绩效的影响，第一阶段回归结果显示工具变量与内生变量在 1% 的水平上显著，弱工具变量检验的 F 值大于 21 说明工具变量与内生变量具有较强的相关性。最终结果如表 5–6 所示，ESG 表现对企业专利申请量仍然具有显著的积极影响。

表 5–6 ESG 对企业创新绩效的影响（两阶段最小二乘估计）

变量	模型（1） ln1_Pat_app1	模型（2） ln1_Pat_app2	模型（3） ln1_Pat_awd1	模型（4） ln1_Pat_awd2	模型（5） Pat_eff1	模型（6） Pat_eff2
ESG	0.276*** （0.089）	0.274*** （0.089）	0.165 （0.108）	0.219** （0.110）	1.487 （0.919）	1.262 （0.903）
lnestage	−0.236*** （0.043）	−0.279*** （0.043）	−0.274*** （0.045）	−0.340*** （0.047）	−3.314*** （0.678）	−3.465*** （0.663）
Roa	−0.490 （0.353）	−0.671* （0.353）	−0.759** （0.386）	−0.609 （0.405）	−11.643*** （3.567）	−11.247*** （3.546）
Lev	0.038 （0.117）	−0.020 （0.118）	0.226* （0.126）	0.256** （0.131）	−0.790 （0.959）	−0.983 （0.940）
Ato	−0.132*** （0.048）	−0.156*** （0.048）	−0.147*** （0.048）	−0.152*** （0.049）	−0.444 （0.592）	−0.395 （0.583）
MtoB	−0.754*** （0.116）	−0.850*** （0.116）	−0.292** （0.118）	−0.254** （0.123）	−3.039*** （1.164）	−2.834** （1.134）
Duality	0.102*** （0.034）	0.094*** （0.034）	0.016 （0.033）	0.011 （0.035）	0.431 （0.468）	0.252 （0.444）
Fix_ratio	−1.308*** （0.124）	−1.265*** （0.125）	−1.206*** （0.114）	−1.206*** （0.119）	−9.790*** （1.782）	−9.217*** （1.752）
Growth	−0.001*** （0.000）	−0.001*** （0.000）	0.000** （0.000）	−0.000*** （0.000）	0.001 （0.001）	0.001 （0.001）
lnemployee	0.650*** （0.023）	0.657*** （0.023）	0.597*** （0.023）	0.607*** （0.024）	4.456*** （0.548）	4.248*** （0.540）
Top5	0.240** （0.109）	0.301*** （0.110）	0.079 （0.104）	0.183* （0.109）	2.646 （1.686）	3.221* （1.658）
IndDir_ratio	0.446* （0.240）	0.510** （0.242）	1.053*** （0.251）	1.034*** （0.258）	19.416*** （7.280）	19.828*** （7.268）
Mang_ratio	−0.001 （0.001）	−0.001 （0.001）	0.000 （0.001）	0.000 （0.001）	0.002 （0.006）	0.003 （0.005）
SOE	0.092** （0.043）	0.063 （0.044）	0.089* （0.050）	0.157*** （0.051）	0.150 （0.604）	0.416 （0.587）
HHI	−0.020 （0.109）	−0.002 （0.108）	0.037 （0.124）	0.039 （0.124）	2.243 （1.638）	2.440 （1.623）
省份效应	控制	控制	控制	控制	控制	控制

续表

变量	模型（1） ln1_Pat_app1	模型（2） ln1_Pat_app2	模型（3） ln1_Pat_awd1	模型（4） ln1_Pat_awd2	模型（5） Pat_eff1	模型（6） Pat_eff2
行业效应	不控制	不控制	不控制	不控制	不控制	不控制
年度效应	控制	控制	控制	控制	控制	控制
常数项	−2.153*** （0.303）	−2.066*** （0.304）	−1.907*** （0.304）	−2.336*** （0.308）	−34.112*** （4.988）	−32.178*** （4.841）
观测值数量	6121	6121	5907	5907	5767	5767
R^2	0.369	0.364	0.360	0.361	0.149	0.147

第四节　进一步分析

一、异质性分析

（一）所有制异质性

根据控股股东的产权性质，本章将样本分为国有企业和非国有企业两类群组，分别考察其 ESG 表现对创新绩效的影响。如表 5–7 的模型（1）~ 模型（4）所示，在统计显著性和经济显著性方面，ESG 表现对非国有企业创新产出的促进作用相对国有企业都更明显，国有企业存在的内部人控制、活力不足、社会认同受到负面影响等问题制约其 ESG 表现对创新绩效的积极作用，而非国有企业则面临更强的市场约束和融资压力，有更大的动力和更为灵活的运营机制提升 ESG 表现并增加创新产出。

表 5–7　企业产权属性的异质性检验

变量	模型（1）	模型（2）	模型（3）	模型（4）	模型（5）	模型（6）
	国有企业	非国有企业	国有企业	非国有企业	国有企业	非国有企业
	ln1_Pat_app2	ln1_Pat_app2	ln1_Pat_awd2	ln1_Pat_awd2	Pat_eff2	Pat_eff2
ESG	0.071** （0.033）	0.094*** （0.017）	0.021 （0.028）	0.048*** （0.018）	0.655 （0.502）	0.508 （0.352）

续表

变量	模型（1）	模型（2）	模型（3）	模型（4）	模型（5）	模型（6）
	国有企业	非国有企业	国有企业	非国有企业	国有企业	非国有企业
	ln1_Pat_app2	ln1_Pat_app2	ln1_Pat_awd2	ln1_Pat_awd2	Pat_eff2	Pat_eff2
lnestage	−0.421*** （0.104）	−0.109** （0.045）	−0.356*** （0.097）	−0.131*** （0.050）	−5.097*** （1.763）	0.016 （0.322）
Roa	2.446*** （0.667）	0.018 （0.272）	1.166** （0.584）	0.297 （0.308）	−18.367** （8.806）	−2.537 （1.656）
Lev	−0.135 （0.218）	−0.106 （0.129）	−0.496** （0.206）	0.099 （0.142）	−17.917*** （4.705）	0.858 （0.986）
Ato	−0.133* （0.071）	−0.135** （0.057）	−0.065 （0.067）	−0.160** （0.070）	1.106 （1.059）	−0.777* （0.462）
MtoB	0.009 （0.246）	−0.850*** （0.123）	−0.012 （0.239）	−0.349*** （0.132）	−9.974** （4.563）	−0.309 （0.865）
Duality	0.029 （0.097）	0.081** （0.032）	−0.066 （0.095）	0.022 （0.034）	5.551 （3.742）	−0.087 （0.262）
Fix_ratio	−0.911*** （0.248）	−0.929*** （0.149）	−0.559** （0.221）	−0.954*** （0.157）	−6.942** （2.778）	−4.273*** （1.198）
Growth	−0.005 （0.004）	−0.000*** （0.000）	−0.007 （0.008）	−0.000*** （0.000）	0.009 （0.062）	−0.000 （0.000）
lnemployee	0.740*** （0.035）	0.629*** （0.021）	0.766*** （0.031）	0.627*** （0.021）	7.097*** （0.906）	2.629*** （0.548）
Top5	0.148 （0.210）	0.226* （0.119）	0.487** （0.194）	0.150 （0.123）	0.026 （2.241）	0.180 （2.005）
IndDir_ratio	0.806* （0.440）	−0.056 （0.245）	1.761*** （0.384）	0.244 （0.250）	44.282** （18.522）	−1.246 （2.655）
Mang_ratio	−0.002 （0.008）	−0.001 （0.001）	−0.014** （0.007）	−0.000 （0.001）	0.023 （0.073）	−0.003 （0.004）
HHI	−0.705 （0.502）	−0.029 （0.217）	0.629 （0.567）	0.208 （0.286）	6.675 （6.059）	1.290 （0.877）
省份效应	控制	控制	控制	控制	控制	控制
行业效应	控制	控制	控制	控制	控制	控制
年度效应	控制	控制	控制	控制	控制	控制

续表

变量	模型（1）	模型（2）	模型（3）	模型（4）	模型（5）	模型（6）
	国有企业	非国有企业	国有企业	非国有企业	国有企业	非国有企业
	ln1_Pat_app2	ln1_Pat_app2	ln1_Pat_awd2	ln1_Pat_awd2	Pat_eff2	Pat_eff2
常数项	-3.193*** （0.590）	-1.995*** （0.318）	-5.078*** （0.558）	-3.425*** （0.413）	-63.738*** （13.532）	-17.611*** （2.254）
观测值数量	1699	4422	1881	4026	1802	3965
R^2	0.619	0.453	0.620	0.418	0.377	0.080

（二）地域异质性

当前我国经济发展水平和制度环境在区域之间还存在不充分、不平衡的状况，东部地区经济发展水平和市场化程度更高、营商环境和政府公共服务体系更为完善，东部地区企业贯彻 ESG 理念、履行社会责任的意识可能更为强烈，中西部地区的企业囿于各种条件的限制，在 ESG 表现和创新资源投入上可能相对较低。本章将北京、天津、河北、上海、江苏、浙江、福建、山东、广东和海南 10 省份设定为东部地区，其他省份设定为中西部地区，分组回归结果如表 5-8 所示。在统计显著性和回归系数上东部地区子样本都高于中西部地区，表明东部地区企业更能发挥 ESG 表现对创新绩效的提升作用，与预期相符。

表 5-8　企业地区层面的异质性检验

变量	模型（1）	模型（2）	模型（3）	模型（4）	模型（5）	模型（6）
	东部	中西部	东部	中西部	东部	中西部
	ln1_Pat_app2	ln1_Pat_app2	ln1_Pat_awd2	ln1_Pat_awd2	Pat_eff2	Pat_eff2
ESG	0.091*** （0.018）	0.078*** （0.028）	0.030* （0.018）	0.029 （0.027）	0.842** （0.366）	0.211* （0.118）
lnestage	-0.186*** （0.047）	-0.274*** （0.085）	-0.232*** （0.050）	-0.209** （0.098）	-3.573*** （0.768）	-0.168 （0.379）
Roa	0.301 （0.308）	-0.122 （0.431）	0.412 （0.321）	-0.465 （0.484）	-11.803*** （3.434）	-3.534* （1.879）
Lev	-0.317** （0.130）	0.157 （0.202）	-0.255* （0.138）	0.181 （0.210）	-7.112*** （2.236）	-0.827 （0.695）

续表

变量	模型（1）	模型（2）	模型（3）	模型（4）	模型（5）	模型（6）
	东部	中西部	东部	中西部	东部	中西部
	ln1_Pat_app2	ln1_Pat_app2	ln1_Pat_awd2	ln1_Pat_awd2	Pat_eff2	Pat_eff2
Ato	−0.128** （0.054）	−0.117 （0.086）	−0.081 （0.062）	0.007 （0.082）	0.013 （0.693）	−0.326 （0.367）
MtoB	−0.921*** （0.139）	−0.310* （0.178）	−0.488*** （0.142）	0.216 （0.201）	−5.032*** （1.947）	0.617 （0.759）
Duality	0.067* （0.036）	0.039 （0.060）	−0.016 （0.037）	0.060 （0.066）	0.570 （0.642）	0.650** （0.258）
Fix_ratio	−0.881*** （0.154）	−1.348*** （0.210）	−0.767*** （0.152）	−1.431*** （0.232）	−5.772*** （1.436）	−4.127*** （0.855）
Growth	−0.001*** （0.000）	0.000 （0.007）	−0.000*** （0.000）	−0.004 （0.007）	0.004*** （0.001）	−0.000 （0.017）
lnemployee	0.679*** （0.021）	0.659*** （0.034）	0.683*** （0.020）	0.677*** （0.035）	5.041*** （0.670）	2.248*** （0.229）
Top5	0.225* （0.125）	0.486*** （0.180）	0.314** （0.122）	0.256 （0.188）	1.716 （2.193）	1.034 （0.688）
IndDir_ratio	0.212 （0.264）	0.392 （0.374）	0.784*** （0.263）	1.056*** （0.370）	23.120** （9.528）	3.851** （1.595）
Mang_ratio	−0.001 （0.001）	0.000 （0.002）	−0.000 （0.001）	−0.000 （0.002）	−0.004 （0.006）	−0.009 （0.007）
SOE	0.051 （0.049）	0.110* （0.065）	0.146*** （0.048）	0.178*** （0.065）	0.049 （0.988）	0.046 （0.303）
HHI	0.046 （0.239）	−0.282 （0.356）	0.701** （0.310）	−0.098 （0.565）	4.076** （1.976）	2.656 （2.558）
省份效应	控制	控制	控制	控制	控制	控制
行业效应	控制	控制	控制	控制	控制	控制
年度效应	控制	控制	控制	控制	控制	控制
常数项	−2.243*** （0.332）	−3.292*** （0.425）	−3.654*** （0.351）	−5.284*** （0.451）	−41.631*** （6.942）	−20.226*** （2.242）
观测值数量	4394	1727	4225	1682	4121	1646
R^2	0.511	0.515	0.505	0.515	0.245	0.320

（三）要素密集度异质性

本章将样本分为高新技术行业企业和非高新技术行业企业两个群组，高新技术行业的代码分别为 C27（医药制造业）、C37（铁路、船舶、航空航天和其他运输设备制造业）、C39（计算机、通信及其他电子设备制造业）和 C40（仪器仪表制造业）。回归结果如表 5-9 所示，无论是创新产出还是创新效率，ESG 对非高新技术行业企业的促进作用都强于高新技术行业企业，因此 ESG 对创新绩效的积极作用存在边际效率递减的规律。ESG 表现不能代替科技前沿领域的原始创新，ESG 表现的促进作用在中等技术密集型的企业中发挥的效果最大。

表 5-9　高新技术行业企业与非高新技术行业企业的异质性检验

变量	模型（1）	模型（2）	模型（3）	模型（4）	模型（5）	模型（6）
	高新	非高新	高新	非高新	高新	非高新
	ln1_Pat_app2	ln1_Pat_app2	ln1_Pat_awd2	ln1_Pat_awd2	Pat_eff2	Pat_eff2
ESG	0.059* （0.031）	0.097*** （0.017）	-0.002 （0.031）	0.044*** （0.017）	0.573 （0.725）	0.594*** （0.214）
lnestage	-0.208*** （0.077）	-0.187*** （0.049）	-0.290*** （0.091）	-0.235*** （0.051）	-3.677** （1.490）	-2.776*** （0.710）
Roa	0.426 （0.450）	0.282 （0.302）	0.592 （0.504）	0.254 （0.316）	-2.861 （4.041）	-10.350*** （2.966）
Lev	-0.040 （0.213）	-0.256** （0.128）	0.295 （0.225）	-0.269** （0.136）	1.010 （1.578）	-8.049*** （2.022）
Ato	-0.440*** （0.113）	-0.049 （0.048）	-0.410*** （0.124）	-0.029 （0.052）	-3.091** （1.451）	0.541 （0.531）
MtoB	-0.259 （0.191）	-0.799*** （0.132）	-0.128 （0.195）	-0.269* （0.142）	-1.826 （1.357）	-4.084** （1.803）
Duality	0.074 （0.057）	0.069* （0.037）	-0.043 （0.062）	0.009 （0.038）	-0.548 （0.693）	0.935 （0.632）
Fix_ratio	-1.248*** （0.224）	-0.951*** （0.145）	-0.839*** （0.253）	-0.959*** （0.143）	-5.175 （3.210）	-5.919*** （1.169）
Growth	-0.011 （0.025）	-0.000*** （0.000）	0.056** （0.024）	-0.000*** （0.000）	-0.048 （0.132）	0.003** （0.001）
lnemployee	0.717*** （0.032）	0.666*** （0.021）	0.654*** （0.035）	0.696*** （0.020）	4.258*** （1.264）	4.515*** （0.524）

续表

变量	模型（1）	模型（2）	模型（3）	模型（4）	模型（5）	模型（6）
	高新	非高新	高新	非高新	高新	非高新
	ln1_Pat_app2	ln1_Pat_app2	ln1_Pat_awd2	ln1_Pat_awd2	Pat_eff2	Pat_eff2
Top5	–0.438** （0.208）	0.464*** （0.116）	–0.464** （0.222）	0.386*** （0.112）	–4.592 （6.033）	2.999*** （1.083）
IndDir_ratio	–0.289 （0.397）	0.382 （0.257）	–0.301 （0.435）	1.065*** （0.243）	–2.621 （8.966）	23.157*** （8.691）
Mang_ratio	0.003* （0.002）	–0.002** （0.001）	0.001 （0.002）	–0.001 （0.001）	0.019** （0.009）	–0.013** （0.006）
SOE	0.086 （0.069）	0.044 （0.047）	0.027 （0.074）	0.182*** （0.045）	–1.294 （1.898）	0.577 （0.465）
HHI	–0.322 （0.418）	0.065 （0.229）	–0.354 （0.486）	0.650** （0.300）	7.495 （6.391）	3.728** （1.784）
省份效应	控制	控制	控制	控制	控制	控制
行业效应	控制	控制	控制	控制	控制	控制
年度效应	控制	控制	控制	控制	控制	控制
常数项	–1.888*** （0.362）	–2.637*** （0.295）	–1.654*** （0.408）	–4.741*** （0.322）	–18.629*** （3.723）	–37.703*** （5.845）
观测值数量	1620	4501	1469	4438	1447	4320
R^2	0.564	0.492	0.506	0.509	0.095	0.300

（四）污染程度异质性

2010 年 9 月，《上市公司环境信息披露指南》（征求意见稿），将火电、钢铁、水泥、电解铝、煤炭、冶金、化工、石化、建材、造纸、酿造、制药、发酵、纺织、制革和采矿业 16 类行业列为重污染行业。根据上市公司的行业分类，本章将样本分为高污染企业和低污染企业两个群组，高污染子样本包括医药制造业、建筑装饰和其他建筑业、非金属矿物制品业、化学原料及化学制品制造业、有色金属矿采选业、造纸及纸制品业、橡胶和塑料制品业、黑色金属冶炼及压延加工业、纺织业、金属制品业、化学纤维制造业、煤炭开采和洗选业、石油和天然气开采业，以及电力、热力生产和供应业，皮革、毛皮、羽毛及其制品和制鞋业，石油加工、炼焦及核燃料加工业。表 5-10 分别列出了高污染、低污染子样本的不同回归结果，模型（1）和模型（2）、模型（5）和模型（6）显示 ESG 表现对低污染企业创新产出和创新效率的提升作用更为明显，可能的原因与王波和杨茂佳（2022）研究结果类似，社会公众可能先验地提升了对高污染企业 ESG 表现的预期，将改善环境、履行社会责任看作高污染企业的应尽义务而非企业形象，高污染企业受制于严格的环境规制和行业特殊性，更多的成本投入挤占了创新资源，抑制了 ESG 表现对创新绩效的提升效果。

表 5-10　企业污染程度的异质性检验

变量	模型（1）	模型（2）	模型（3）	模型（4）	模型（5）	模型（6）
	高污染	低污染	高污染	低污染	高污染	低污染
	ln1_Pat_app2	ln1_Pat_app2	ln1_Pat_awd2	ln1_Pat_awd2	Pat_eff2	Pat_eff2
ESG	0.053** （0.025）	0.105*** （0.019）	0.028 （0.022）	0.032 （0.020）	0.373* （0.196）	0.787* （0.407）
lnestage	−0.189** （0.076）	−0.177*** （0.050）	−0.050 （0.081）	−0.295*** （0.053）	0.068 （0.230）	−3.829*** （0.795）
Roa	0.107 （0.427）	0.292 （0.309）	0.566 （0.424）	0.069 （0.338）	−5.858 （3.891）	−11.315*** （3.349）
Lev	−0.559*** （0.175）	0.005 （0.138）	−0.393** （0.184）	0.026 （0.146）	−3.474*** （1.229）	−6.736*** （2.379）
Ato	0.038 （0.067）	−0.212*** （0.059）	−0.164** （0.069）	−0.043 （0.066）	0.521 （0.939）	−0.944 （0.650）
MtoB	−0.672*** （0.165）	−0.705*** （0.145）	−0.528*** （0.166）	−0.019 （0.157）	−0.881* （0.502）	−5.239** （2.196）
Duality	0.056 （0.049）	0.101*** （0.039）	−0.053 （0.050）	0.041 （0.041）	0.165 （0.159）	0.743 （0.766）
Fix_ratio	−0.522*** （0.195）	−1.082*** （0.165）	−0.026 （0.192）	−1.324*** （0.167）	0.941 （0.890）	−7.512*** （1.672）
Growth	−0.001*** （0.000）	0.000 （0.005）	−0.001*** （0.000）	−0.009* （0.005）	0.000 （0.001）	0.004 （0.051）
lnemployee	0.676*** （0.027）	0.680*** （0.022）	0.627*** （0.029）	0.696*** （0.021）	1.605*** （0.298）	5.650*** （0.728）

续表

变量	模型（1）	模型（2）	模型（3）	模型（4）	模型（5）	模型（6）
	高污染	低污染	高污染	低污染	高污染	低污染
	ln1_Pat_app2	ln1_Pat_app2	ln1_Pat_awd2	ln1_Pat_awd2	Pat_eff2	Pat_eff2
Top5	0.427** （0.169）	0.225* （0.128）	0.542*** （0.158）	0.186 （0.130）	1.353** （0.605）	2.115 （2.360）
IndDir_ratio	−0.445 （0.344）	0.470* （0.268）	0.166 （0.352）	1.076*** （0.260）	−2.051 （2.041）	24.432** （9.609）
Mang_ratio	−0.001 （0.001）	−0.001 （0.001）	0.003* （0.001）	−0.002 （0.001）	0.011** （0.006）	−0.004 （0.007）
SOE	−0.157*** （0.059）	0.156*** （0.052）	−0.052 （0.060）	0.251*** （0.050）	−0.589*** （0.228）	0.509 （1.086）
HHI	−0.742 （0.491）	0.206 （0.227）	−0.353 （0.663）	0.677** （0.293）	−2.991 （2.401）	6.300*** （2.135）
省份效应	控制	控制	控制	控制	控制	控制
行业效应	控制	控制	控制	控制	控制	控制
年度效应	控制	控制	控制	控制	控制	控制
常数项	−1.619*** （0.454）	−3.052*** （0.300）	−2.420*** （0.480）	−4.658*** （0.332）	−9.460*** （3.286）	−42.758*** （6.503）
观测值数量	2169	3952	2137	3770	2074	3693
R^2	0.482	0.508	0.478	0.505	0.708	0.190

二、中介效应检验

借鉴陈红和张凌霄（2023）的做法，本章构建 SA 指数以度量企业的融资约束，SA 指数不易受到内生性的干扰且数据可获得性较好，具体计算公式如下：

$$SA = -0.737Asset + 0.043Asset^2 - 0.04Age \tag{5-2}$$

其中，Asset 为企业总资产的自然对数（以百万元为单位），Age 为企业的成立年限，由此计算得到的 SA 为负值，本章采用绝对值度量企业的融资约束，绝对值越大说明企业融资约束越强。

表 5-11~ 表 5-13 列出了中介效应检验结果。模型（3）显示 ESG 表现能够在 1% 的显著性水平上降低企业融资约束并对企业创新行为和创新绩效产生积极

影响，表 5-11 显示 ESG 表现增加了企业专利申请数量，融资约束 SA 发挥了部分中介效应，表 5-12 和表 5-13 显示 ESG 提高了企业专利授权数量和创新效率，融资约束发挥了完全中介效应，假设 5-2 得以证实。

表 5-11 融资约束的中介效应检验（一）

变量	模型（1） ln1_Pat_app1	模型（2） ln1_Pat_app2	模型（3） SA	模型（4） ln1_Pat_app1	模型（5） ln1_Pat_app2
SA				−0.987*** （0.142）	−0.997*** （0.144）
ESG	0.081*** （0.015）	0.090*** （0.015）	−0.005*** （0.001）	0.071*** （0.015）	0.080*** （0.015）
lnestage	−0.150*** （0.041）	−0.187*** （0.041）	0.597*** （0.004）	0.409*** （0.091）	0.378*** （0.091）
Roa	0.414* （0.250）	0.222 （0.248）	0.153*** （0.016）	0.536** （0.252）	0.345 （0.249）
Lev	−0.163 （0.106）	−0.197* （0.108）	0.056*** （0.008）	−0.086 （0.107）	−0.120 （0.108）
Ato	−0.084* （0.044）	−0.113** （0.044）	0.016*** （0.003）	−0.073* （0.043）	−0.101** （0.044）
MtoB	−0.591*** （0.107）	−0.679*** （0.107）	0.177*** （0.007）	−0.466*** （0.108）	−0.554*** （0.108）
Duality	0.074** （0.030）	0.065** （0.031）	−0.011*** （0.002）	0.063** （0.030）	0.053* （0.030）
Fix_ratio	−1.004*** （0.121）	−0.986*** （0.122）	0.005 （0.007）	−1.032*** （0.120）	−1.015*** （0.122）
Growth	−0.000*** （0.000）	−0.000*** （0.000）	−0.000*** （0.000）	−0.001*** （0.000）	−0.001*** （0.000）
lnemployee	0.674*** （0.017）	0.679*** （0.017）	−0.021*** （0.001）	0.664*** （0.016）	0.668*** （0.017）
Top5	0.242** （0.099）	0.296*** （0.101）	−0.144*** （0.007）	0.144 （0.100）	0.196* （0.101）
IndDir_ratio	0.216 （0.213）	0.260 （0.215）	−0.105*** （0.014）	0.153 （0.211）	0.196 （0.213）

续表

变量	模型（1） ln1_Pat_app1	模型（2） ln1_Pat_app2	模型（3） SA	模型（4） ln1_Pat_app1	模型（5） ln1_Pat_app2
Mang_ratio	-0.001* （0.001）	-0.001 （0.001）	-0.000*** （0.000）	-0.002** （0.001）	-0.001* （0.001）
SOE	0.083** （0.038）	0.055 （0.038）	0.011*** （0.002）	0.081** （0.037）	0.054 （0.038）
HHI	-0.030 （0.202）	-0.022 （0.202）	0.018 （0.012）	-0.068 （0.203）	-0.060 （0.202）
省份效应	控制	控制	控制	控制	控制
行业效应	控制	控制	控制	控制	控制
年度效应	控制	控制	控制	控制	控制
常数项	-2.725*** （0.262）	-2.607*** （0.263）	2.263*** （0.019）	-0.423 （0.406）	-0.281 （0.411）
观测值数量	6121	6121	31281	6121	6121
R^2	0.511	0.503	0.779	0.516	0.508

表 5-12　融资约束的中介效应检验（二）

变量	模型（1） ln1_Pat_awd1	模型（2） ln1_Pat_awd2	模型（3） SA	模型（4） ln1_Pat_awd1	模型（5） ln1_Pat_awd2
SA				-1.111*** （0.120）	-1.106*** （0.125）
ESG	0.027* （0.014）	0.034** （0.015）	-0.005*** （0.001）	0.015 （0.014）	0.022 （0.015）
lnestage	-0.159*** （0.042）	-0.230*** （0.044）	0.597*** （0.004）	0.521*** （0.085）	0.447*** （0.088）
Roa	-0.045 （0.243）	0.212 （0.264）	0.153*** （0.016）	0.114 （0.246）	0.371 （0.268）
Lev	-0.143 （0.108）	-0.151 （0.114）	0.056*** （0.008）	-0.040 （0.109）	-0.049 （0.114）
Ato	-0.078* （0.046）	-0.086* （0.048）	0.016*** （0.003）	-0.058 （0.045）	-0.067 （0.047）

续表

变量	模型（1）ln1_Pat_awd1	模型（2）ln1_Pat_awd2	模型（3）SA	模型（4）ln1_Pat_awd1	模型（5）ln1_Pat_awd2
MtoB	−0.275** （0.109）	−0.231** （0.114）	0.177*** （0.007）	−0.127 （0.110）	−0.084 （0.115）
Duality	0.007 （0.031）	−0.003 （0.032）	−0.011*** （0.002）	−0.008 （0.031）	−0.018 （0.032）
Fix_ratio	−0.835*** （0.118）	−0.913*** （0.123）	0.005 （0.007）	−0.862*** （0.117）	−0.940*** （0.122）
Growth	0.000** （0.000）	−0.000*** （0.000）	−0.000*** （0.000）	0.000 （0.000）	−0.001*** （0.000）
lnemployee	0.664*** （0.016）	0.687*** （0.017）	−0.021*** （0.001）	0.641*** （0.016）	0.664*** （0.016）
Top5	0.176* （0.095）	0.279*** （0.100）	−0.144*** （0.007）	0.044 （0.096）	0.147 （0.101）
IndDir_ratio	0.778*** （0.202）	0.825*** （0.212）	−0.105*** （0.014）	0.602*** （0.196）	0.651*** （0.206）
Mang_ratio	−0.001 （0.001）	−0.000 （0.001）	−0.000*** （0.000）	−0.001 （0.001）	−0.001 （0.001）
SOE	0.085** （0.036）	0.163*** （0.038）	0.011*** （0.002）	0.078** （0.036）	0.155*** （0.038）
HHI	0.432 （0.268）	0.464* （0.264）	0.018 （0.012）	0.344 （0.264）	0.376 （0.259）
省份效应	控制	控制	控制	控制	控制
行业效应	控制	控制	控制	控制	控制
年度效应	控制	控制	控制	控制	控制
常数项	−3.696*** （0.289）	−4.229*** （0.299）	2.263*** （0.019）	−1.125*** （0.397）	−1.668*** （0.414）
观测值数量	5907	5907	31281	5907	5907
R^2	0.499	0.495	0.779	0.508	0.503

表 5-13 融资约束的中介效应检验（三）

变量	模型（1） Pat_eff1	模型（2） Pat_eff2	模型（3） SA	模型（4） Pat_eff1	模型（5） Pat_eff2
SA				-55.355^{***} （10.124）	-53.484^{***} （10.155）
ESG	0.638^{**} （0.270）	0.632^{**} （0.267）	-0.005^{***} （0.001）	0.015 （0.226）	0.030 （0.224）
lnestage	-2.830^{***} （0.641）	-3.003^{***} （0.626）	0.597^{***} （0.004）	31.533^{***} （5.974）	30.198^{***} （5.980）
Roa	-9.506^{***} （2.640）	-9.840^{***} （2.612）	0.153^{***} （0.016）	−1.797 （1.959）	−2.391 （1.897）
Lev	-5.964^{***} （1.770）	-5.970^{***} （1.748）	0.056^{***} （0.008）	−0.965 （1.206）	−1.140 （1.176）
Ato	−0.082 （0.498）	−0.025 （0.476）	0.016^{***} （0.003）	1.037^{**} （0.515）	1.056^{**} （0.500）
MtoB	-3.478^{**} （1.413）	-3.374^{**} （1.383）	0.177^{***} （0.007）	3.879^{***} （1.224）	3.734^{***} （1.195）
Duality	0.763 （0.516）	0.595 （0.498）	-0.011^{***} （0.002）	0.080 （0.412）	−0.065 （0.401）
Fix_ratio	-6.004^{***} （1.129）	-5.492^{***} （1.060）	0.005 （0.007）	-7.405^{***} （1.278）	-6.845^{***} （1.229）
Growth	0.003^{**} （0.001）	0.003^{**} （0.001）	-0.000^{***} （0.000）	-0.005^{***} （0.002）	-0.005^{***} （0.001）
lnemployee	4.769^{***} （0.547）	4.501^{***} （0.533）	-0.021^{***} （0.001）	3.639^{***} （0.326）	3.408^{***} （0.316）
Top5	1.100 （1.630）	1.593 （1.600）	-0.144^{***} （0.007）	-5.166^{**} （2.217）	-4.461^{**} （2.196）
IndDir_ratio	17.354^{**} （6.867）	17.632^{***} （6.841）	-0.105^{***} （0.014）	8.308^{*} （4.796）	8.892^{*} （4.780）
Mang_ratio	−0.004 （0.005）	−0.004 （0.005）	-0.000^{***} （0.000）	-0.017^{***} （0.006）	-0.017^{***} （0.005）
SOE	−0.015 （0.652）	0.179 （0.637）	0.011^{***} （0.002）	−0.408 （0.609）	−0.201 （0.599）

续表

变量	模型（1） Pat_eff1	模型（2） Pat_eff2	模型（3） SA	模型（4） Pat_eff1	模型（5） Pat_eff2
HHI	4.033** （1.625）	3.652** （1.592）	0.018 （0.012）	–0.268 （1.849）	–0.504 （1.789）
省份效应	控制	控制	控制	控制	控制
行业效应	控制	控制	控制	控制	控制
年度效应	控制	控制	控制	控制	控制
常数项	–36.136*** （4.869）	–34.191*** （4.758）	2.263*** （0.019）	90.235*** （19.832）	87.910*** （19.907）
观测值数量	5767	5767	31281	5767	5767
R^2	0.235	0.234	0.779	0.368	0.362

三、调节效应检验

将ESG、数字化指数和中心化的交叉项ESG_dgtidx纳入解释变量，回归结果如表5–14~表5–16所示，ESG和数字化转型水平对企业专利申请数量、授权数量和创新效率均有显著的积极影响，表5–14中的模型（1）和模型（2）表明交叉项ESG_dgtidx正向调节ESG表现对企业专利申请数量的促进作用，即数字化转型会放大ESG对专利申请数量的积极影响，假设5–3得到验证。

表5–14~表5–16的模型（3）、模型（4）和模型（5）机制检验表明，当企业提升数字化转型指数时，ESG对融资约束的缓解效应更为明显，进而对企业创新绩效（特别是专利申请数量）产生正向作用，数字化转型提高ESG信息披露质量有助于缓解利益相关者的信息不对称和金融摩擦，缓解企业的融资约束，数字化转型与ESG表现相互促进、融合发展、共同提升企业创新资源的投入力度和使用效率（李雪松等，2022），假设5–4得到验证。

表5–14　数字化转型的调节效应检验（一）

变量	模型（1） ln1_Pat_app1	模型（2） ln1_Pat_app2	模型（3） SA	模型（4） ln1_Pat_app1	模型（5） ln1_Pat_app2
SA				–0.9985*** （0.1392）	–1.0103*** （0.1409）

续表

变量	模型（1） ln1_Pat_app1	模型（2） ln1_Pat_app2	模型（3） SA	模型（4） ln1_Pat_app1	模型（5） ln1_Pat_app2
ESG	0.0756*** （0.0149）	0.0844*** （0.0151）	-0.0048*** （0.0008）	0.0658*** （0.0149）	0.0744*** （0.0151）
dgt_idx	0.0154*** （0.0019）	0.0177*** （0.0019）	0.0003** （0.0001）	0.0156*** （0.0018）	0.0179*** （0.0019）
ESG_dgtidx	0.0025* （0.0013）	0.0024* （0.0013）	-0.0004*** （0.0001）	0.0025* （0.0013）	0.0024* （0.0013）
lnestage	-0.1712*** （0.0407）	-0.2110*** （0.0410）	0.5976*** （0.0038）	0.3940*** （0.0895）	0.3609*** （0.0901）
Roa	0.5746** （0.2534）	0.4102 （0.2499）	0.1581*** （0.0159）	0.6999*** （0.2553）	0.5369** （0.2513）
Lev	-0.1400 （0.1059）	-0.1705 （0.1067）	0.0572*** （0.0078）	-0.0620 （0.1068）	-0.0915 （0.1075）
Ato	-0.0757* （0.0434）	-0.1035** （0.0438）	0.0164*** （0.0026）	-0.0641 （0.0430）	-0.0918** （0.0433）
MtoB	-0.5346*** （0.1061）	-0.6160*** （0.1062）	0.1760*** （0.0074）	-0.4084*** （0.1075）	-0.4883*** （0.1074）
Duality	0.0746** （0.0301）	0.0649** （0.0304）	-0.0107*** （0.0017）	0.0635** （0.0298）	0.0536* （0.0301）
Fix_ratio	-0.8283*** （0.1219）	-0.7842*** （0.1233）	0.0075 （0.0067）	-0.8549*** （0.1217）	-0.8111*** （0.1230）
Growth	-0.0004*** （0.0001）	-0.0004*** （0.0001）	-0.0000*** （0.0000）	-0.0005*** （0.0001）	-0.0005*** （0.0001）
lnemployee	0.6404*** （0.0174）	0.6409*** （0.0175）	-0.0210*** （0.0015）	0.6296*** （0.0168）	0.6300*** （0.0169）
Top5	0.3372*** （0.0984）	0.4027*** （0.0995）	-0.1430*** （0.0072）	0.2381** （0.0987）	0.3023*** （0.0998）
IndDir_ratio	0.1014 （0.2116）	0.1278 （0.2132）	-0.1065*** （0.0144）	0.0360 （0.2093）	0.0617 （0.2109）
Mang_ratio	-0.0011 （0.0008）	-0.0007 （0.0008）	-0.0002*** （0.0000）	-0.0015* （0.0008）	-0.0011 （0.0008）
SOE	0.1031*** （0.0372）	0.0787** （0.0377）	0.0106*** （0.0021）	0.1015*** （0.0369）	0.0770** （0.0374）

续表

变量	模型（1） ln1_Pat_app1	模型（2） ln1_Pat_app2	模型（3） SA	模型（4） ln1_Pat_app1	模型（5） ln1_Pat_app2
HHI	−0.0012 （0.2021）	0.0137 （0.2019）	0.0181 （0.0119）	−0.0386 （0.2024）	−0.0242 （0.2017）
省份效应	控制	控制	控制	控制	控制
行业效应	控制	控制	控制	控制	控制
年度效应	控制	控制	控制	控制	控制
常数项	−2.9337*** （0.2603）	−2.8534*** （0.2607）	2.2556*** （0.0189）	−0.6090 （0.4011）	−0.5014 （0.4048）
观测值数量	6121	6121	31281	6121	6121
R^2	0.5174	0.5115	0.7791	0.5227	0.5169

表 5-15　数字化转型的调节效应检验（二）

变量	模型（1） ln1_Pat_awd1	模型（2） ln1_Pat_awd2	模型（3） SA	模型（4） ln1_Pat_awd1	模型（5） ln1_Pat_awd2
SA				−1.1267*** （0.1204）	−1.1185*** （0.1253）
ESG	0.0239* （0.0140）	0.0312** （0.0146）	−0.0048*** （0.0008）	0.0115 （0.0138）	0.0189 （0.0145）
dgt_idx	0.0179*** （0.0018）	0.0135*** （0.0019）	0.0003** （0.0001）	0.0182*** （0.0018）	0.0137*** （0.0019）
ESG_dgtidx	0.0014 （0.0012）	0.0014 （0.0013）	−0.0004*** （0.0001）	0.0015 （0.0012）	0.0015 （0.0013）
lnestage	−0.1916*** （0.0420）	−0.2543*** （0.0440）	0.5976*** （0.0038）	0.4981*** （0.0852）	0.4304*** （0.0885）
Roa	0.1438 （0.2424）	0.3518 （0.2643）	0.1581*** （0.0159）	0.3065 （0.2454）	0.5132* （0.2684）
Lev	−0.1100 （0.1074）	−0.1271 （0.1132）	0.0572*** （0.0078）	−0.0059 （0.1081）	−0.0238 （0.1140）
Ato	−0.0683 （0.0453）	−0.0791* （0.0476）	0.0164*** （0.0026）	−0.0483 （0.0448）	−0.0592 （0.0472）

续表

变量	模型（1） ln1_Pat_awd1	模型（2） ln1_Pat_awd2	模型（3） SA	模型（4） ln1_Pat_awd1	模型（5） ln1_Pat_awd2
MtoB	−0.2347** （0.1088）	−0.2001* （0.1138）	0.1760*** （0.0074）	−0.0840 （0.1095）	−0.0505 （0.1146）
Duality	0.0132 （0.0303）	0.0018 （0.0317）	−0.0107*** （0.0017）	−0.0025 （0.0301）	−0.0138 （0.0316）
Fix_ratio	−0.6268*** （0.1184）	−0.7554*** （0.1239）	0.0075 （0.0067）	−0.6517*** （0.1178）	−0.7802*** （0.1233）
Growth	0.0004*** （0.0001）	−0.0004*** （0.0001）	−0.0000*** （0.0000）	0.0002* （0.0001）	−0.0005*** （0.0001）
lnemployee	0.6243*** （0.0167）	0.6567*** （0.0175）	−0.0210*** （0.0015）	0.5999*** （0.0162）	0.6326*** （0.0171）
Top5	0.2904*** （0.0945）	0.3668*** （0.0997）	−0.1430*** （0.0072）	0.1579* （0.0949）	0.2353** （0.1003）
IndDir_ratio	0.6906*** （0.1998）	0.7600*** （0.2103）	−0.1065*** （0.0144）	0.5118*** （0.1941）	0.5825*** （0.2047）
Mang_ratio	0.0001 （0.0008）	0.0001 （0.0008）	−0.0002*** （0.0000）	−0.0002 （0.0008）	−0.0001 （0.0008）
SOE	0.1232*** （0.0359）	0.1912*** （0.0381）	0.0106*** （0.0021）	0.1163*** （0.0355）	0.1844*** （0.0378）
HHI	0.5123* （0.2650）	0.5234** （0.2631）	0.0181 （0.0119）	0.4229 （0.2607）	0.4347* （0.2585）
省份效应	控制	控制	控制	控制	控制
行业效应	控制	控制	控制	控制	控制
年度效应	控制	控制	控制	控制	控制
常数项	−3.9807*** （0.2965）	−4.4397*** （0.3053）	2.2556*** （0.0189）	−1.3739*** （0.4031）	−1.8517*** （0.4187）
观测值数量	5907	5907	31281	5907	5907
R^2	0.5084	0.4998	0.7791	0.5173	0.5078

表 5-16　数字化转型的调节效应检验（三）

变量	模型（1） Pat_eff1	模型（2） Pat_eff2	模型（3） SA	模型（4） Pat_eff1	模型（5） Pat_eff2
SA				-55.5511*** （10.1405）	-53.6524*** （10.1752）
ESG	0.5612** （0.2334）	0.5634** （0.2315）	-0.0048*** （0.0008）	-0.0768 （0.1945）	-0.0528 （0.1931）
dgt_idx	0.0731*** （0.0221）	0.0573*** （0.0214）	0.0003** （0.0001）	0.0859*** （0.0218）	0.0696*** （0.0214）
ESG_dgtidx	0.0543 （0.0387）	0.0481 （0.0384）	-0.0004*** （0.0001）	0.0634* （0.0372）	0.0568 （0.0371）
lnestage	-2.9670*** （0.6583）	-3.1107*** （0.6444）	0.5976*** （0.0038）	31.4940*** （5.9633）	30.1724*** （5.9725）
Roa	-9.1638*** （2.6783）	-9.6205*** （2.6483）	0.1581*** （0.0159）	-1.3637 （1.9955）	-2.0870 （1.9334）
Lev	-5.9511*** （1.7411）	-5.9734*** （1.7199）	0.0572*** （0.0078）	-0.9312 （1.1611）	-1.1250 （1.1312）
Ato	-0.0135 （0.4935）	0.0318 （0.4718）	0.0164*** （0.0026）	1.1211** （0.5184）	1.1277** （0.5038）
MtoB	-3.2317** （1.4100）	-3.1727** （1.3809）	0.1760*** （0.0074）	4.1932*** （1.2805）	3.9985*** （1.2525）
Duality	0.7946 （0.5150）	0.6206 （0.4963）	-0.0107*** （0.0017）	0.1148 （0.4082）	-0.0360 （0.3974）
Fix_ratio	-5.0621*** （1.0277）	-4.7453*** （0.9654）	0.0075 （0.0067）	-6.3035*** （1.1561）	-5.9442*** （1.1103）
Growth	0.0033*** （0.0012）	0.0031*** （0.0011）	-0.0000*** （0.0000）	-0.0044*** （0.0015）	-0.0044*** （0.0014）
lnemployee	4.5345*** （0.4905）	4.3089*** （0.4775）	-0.0210*** （0.0015）	3.3599*** （0.2637）	3.1745*** （0.2542）
Top5	1.7915 （1.4417）	2.1609 （1.4173）	-0.1430*** （0.0072）	-4.3781** （2.0139）	-3.7978* （1.9965）
IndDir_ratio	17.0032** （6.8395）	17.3606** （6.8151）	-0.1065*** （0.0144）	7.8632* （4.7777）	8.5330* （4.7636）
Mang_ratio	-0.0006 （0.0049）	-0.0013 （0.0047）	-0.0002*** （0.0000）	-0.0135** （0.0054）	-0.0138*** （0.0052）

续表

变量	模型（1） Pat_eff1	模型（2） Pat_eff2	模型（3） SA	模型（4） Pat_eff1	模型（5） Pat_eff2
SOE	0.1384 （0.6371）	0.2991 （0.6237）	0.0106*** （0.0021）	−0.2292 （0.5896）	−0.0560 （0.5810）
HHI	4.2605*** （1.6390）	3.8125** （1.6096）	0.0181 （0.0119）	−0.0155 （1.8390）	−0.3173 （1.7866）
省份效应	控制	控制	控制	控制	控制
行业效应	控制	控制	控制	控制	控制
年度效应	控制	控制	控制	控制	控制
常数项	−36.8098*** （4.8584）	−34.6620*** （4.7578）	2.2556*** （0.0189）	89.8867*** （19.8305）	87.7042*** （19.9171）
观测值数量	5767	5767	31281	5767	5767
R^2	0.2375	0.2359	0.7791	0.3712	0.3649

第五节　本章小结

本章采用我国 A 股上市公司 2011~2021 年数据、华证 ESG 评级数据和数字化转型指数，考察了 ESG 表现对企业创新产出和创新效率的影响以及数字化转型在其中的作用。研究发现，ESG 表现对企业专利申请总数、专利授权总数和既定投入的专利申请数量（创新效率）均有显著的正向影响，数字化转型指数正向调节 ESG 表现对企业创新资源投入力度和使用效率的积极作用，ESG 表现能够缓解企业融资约束进而促进创新绩效，数字化转型指数同样正向调节 ESG 表现对融资约束的缓解作用，利用彭博 ESG 评分代替关键解释变量、运用工具变量和两阶段最小二乘法缓解内生性问题，所得研究结论基本一致。

进一步分析发现，ESG 表现对企业创新绩效的积极影响具有多维度异质性，在非国有企业、东部地区企业、非高新技术行业企业和低污染行业企业中，ESG 表现对创新绩效的正向影响更为明显，ESG 表现对企业创新绩效的提升作用符合边际效率递减的规律，在中等技术密集型的企业中发挥的效应最大。

第六章　数字化转型对企业全要素生产率的影响

企业数字化转型是利用大数据、云计算、人工智能等新兴技术改革生产运营方式、组织架构、企业文化等的过程，在世界新一轮科技革命和产业变革浪潮下，2020 年以来，一些企业化危为机，积极推进数字化转型，运用大数据、云计算、人工智能、工业互联网等现代技术弥补经营损失、提升管理效能、降低运营成本，取得显著成效。2020 年 5 月，国家发展改革委等部门启动“数字化转型伙伴行动倡议”，引导企业、高校、金融机构等社会各界力量积极参与、加速推进数字化转型。2022 年 10 月，党的二十大报告提出，加快发展数字经济，促进数字经济和实体经济深度融合，打造具有国际竞争力的数字产业集群，企业通过创新驱动数字化转型，既是适应时代环境变革的需要，也是实现我国经济高质量发展的关键动力。

近年来全球金融波动加大，世界经济形势不确定性增强，同时国内人口红利逐步消失、资本报酬处于递减状态，构建“双循环”新发展格局任务艰巨，只有在微观层面提高全要素生产率才能突破企业发展瓶颈，为加速产业转型升级提供核心动能，从而提升宏观经济基本面，在应对未来国内外各种挑战中赢得主动权。因此，探讨数字化转型对微观企业全要素生产率的影响方向和作用机理具有重要的理论价值和现实意义。本章以 2011~2021 年我国 A 股上市公司为样本，实证分析数字化转型水平对企业全要素生产率的影响并探讨影响程度的异质性和作用机理。

本章的创新之处在于：其一，从中宏观角度（CSMAR 综合指数）和微观角度（文本挖掘）刻画企业数字化转型水平，证实了数字化转型指数对全要素生产率的积极影响，结论具有较好的稳健性；其二，通过异质性分析证实数字化转型具有规模经济特征，西部地区可以借助数字化转型缩小经济发展差距；其三，分析了创新产出的部分中介效应，丰富了对数字化转型作用机理的理解；其四，有助于政府有关部门在推进数字化转型、引导区域均衡发展和企业高质量发展中精准施策。

第一节　理论分析与研究假设

Gatto 等（2008）认为全要素生产率（TFP）是总产出中不能由要素投入所解释的剩余部分，该指标反映了生产过程中各种投入要素的单位平均产出水平，代表公司的产出效率。

学术界针对数字经济与企业全要素生产率之间的关系做了一定研究，如蒋长流和江成涛（2020）、王道平和刘琳琳（2021）、陈中飞和江康奇（2021）、顾宁等（2021）、冉芳和谭怡（2021）、马芬芬等（2021）、江红莉和蒋鹏程（2021）等实证探究了数字普惠金融发展对企业全要素生产率的影响，发现数字普惠金融的发展能够通过提升融资效率、缓解融资约束、增加研发活动等渠道显著促进小微企业全要素生产率的提升。郭吉涛和朱义欣（2021）发现数字经济能够通过提高企业全要素生产率来增强企业还款能力并降低企业的信用风险，郭金花等（2021）研究发现数字基础设施建设有利于促进企业全要素生产率提升，王开科等（2020）研究表明数字技术在企业应用中能够有效地提升社会生产效率。

学者们认为数字化转型对于企业全要素生产率的影响主要体现在以下几个方面：

第一，降低企业成本。如通过数字化转型实现生产流程自动化、智能化以大幅降低人工成本，信息技术的应用可以缓解信息不对称、加速资源流动、减少资源错配并提高资源利用效率（于世海等，2022），企业利用大数据可以精准掌握消费者偏好、构建实时交流平台、提升客户满意度、降低投诉率和退货退款率，从而降低企业经营成本（花俊国等，2022）。

第二，增强企业创新能力。大数据和互联网可以帮助企业破除沟通障碍、实现信息互通和知识共享、促进企业内部信息的更新完善和外部信息的挖掘整合（张吉昌和龙静，2022），数字化可以增强企业内部生产链和外部产业链的协同性、吸引高端创新要素集聚、提升整体创新能力，数字化使智能生产和私人定制成为可能，有利于满足客户多元化需求，从需求侧倒逼企业完善产品设计、提高创新能力、降低创新风险。

第三，优化企业运营管理。数字技术应用可以推动企业内部管理变革，使组织结构趋于网络化、扁平化（戚聿东和肖旭，2020），有助于推动传统运营模式的转变并提升全要素生产率，易露霞等（2021）研究发现企业数字化转型能够从内部治理、信息优化、财务稳健、创新潜能四个维度驱动业绩显著提升。

综合上述理论分析，本节提出如下研究假设：

假设 6-1：实施数字化转型有助于提高企业全要素生产率。

假设 6-2：数字化转型通过提高企业创新水平，提升企业全要素生产率。

第二节　研究设计

一、指标说明与数据来源

（一）被解释变量

本章的被解释变量为我国 A 股上市公司 2011~2021 年的全要素生产率 TFP。借鉴鲁晓东和连玉君（2012）的做法，基于 Cobb-Douglas 生产函数，分别以 OP（Olley-Pakes）、LP（Levinsohn-Petrin）、OLS（最小二乘法）和 FE（固定效应）方法测算 A 股上市公司全要素生产率并分别记为 tfp_op、tfp_lp、tfp_ols 和 tfp_fe，原始数据源于国泰安（CSMAR）上市公司数据库。

（二）核心解释变量

核心解释变量为数字化指数 dgt_idx，源于国泰安（CSMAR）中国数字经济研究数据库 2011~2021 年的上市公司数字化转型指标，该指标综合了环境支撑、技术驱动、战略引领、组织赋能、数字化成果、数字化应用六大类一级指标和 30 多项二级指标。

（三）已控制变量

本章选取的已控制变量包括：

（1）公司职员总数的对数（lnemployee），衡量上市公司的规模。

（2）公司年龄（estage），自公司成立之日开始计算以反映公司所处生命周期的阶段。

（3）资产负债率（Lev），反映公司利用债务融资进行经营活动的能力。

（4）资产回报率（Roa），衡量上市公司的盈利能力。

（5）总资产周转率（Ato），反映公司资产经营质量和利用效率。

（6）前五大股东持股比例（Top5），反映公司的股权结构，股权集中有利于大股东迅速达成共识并提高决策效率。

（7）所有制（SOE），为反映所有制属性的影响，国有企业样本 SOE 取值为 1，其他所有制属性的样本取值为 0。

上述变量的基础数据源于国泰安上市公司数据库，并做了如下处理：

（1）剔除金融保险行业的公司样本。

（2）剔除 ST、S*ST 和 *ST 公司的样本。

（3）剔除有缺失值的样本。

（4）剔除 IPO 当年的公司样本。

二、描述性统计

表 6–1 列出了上述变量的描述性统计，某些财务指标如资产负债率 Lev、资产回报率 Roa 等，极值偏离样本均值几十倍乃至上百倍的标准差，为消除异常值的影响，本书依据年份对所有连续型变量进行了上下 1% 分位数的缩尾处理。

表 6–1　数字化转型对企业全要素生产率影响研究的主要变量的描述性统计

变量	观测值数量	均值	标准差	极小值	极大值
tfp_op	30488	6.674	0.923	1.977	11.430
tfp_lp	30488	8.348	1.098	3.782	13.176
tfp_ols	30488	10.835	1.318	5.913	15.258
tfp_fe	30488	11.380	1.381	6.389	15.795
dgt_idx	36046	35.645	10.215	21.650	80.040
lnemployee	35739	7.585	1.361	0.693	13.223
estage	36126	18.053	5.972	1.000	63.000
Lev	34689	0.444	1.018	–0.195	178.346
Ato	34688	0.640	0.553	–0.048	12.373
Top5	34649	0.536	0.157	0.008	0.992

续表

变量	观测值数量	均值	标准差	极小值	极大值
Roa	34688	0.040	0.187	-9.117	20.788
SOE	36447	0.292	0.455	0.000	1.000

第三节　基本回归结果

本章基本回归模型如下：

$$tfp_{i,t}=\beta_0+\beta_1 dgt\_idx_{i,t}+\sum\beta_n control_{i,t}+year_t+province_i+industry_i+\varepsilon_{i,t} \quad (6-1)$$

其中，*tfp* 为各种测度方法下的全要素生产率，*dgt_idx* 为数字化指数，*control* 为已控制变量集合，*year*、*province*、*industry* 分别表示年份效应、省份效应和行业效应。表 6-2 和表 6-3 列出了最小二乘法基本回归结果，不论全要素生产率以 OP、LP、OLS 还是固定效应方法测度，数字化指数在 1% 的水平对上市公司全要素生产率均有显著的促进作用，结果具有一定的稳健性。

表 6-2　数字化转型指数对 TFP 的基本回归结果（一）

变量	模型（1） tfp_op	模型（2） tfp_op	模型（3） tfp_op	模型（4） tfp_op	模型（5） tfp_lp	模型（6） tfp_lp	模型（7） tfp_lp	模型（8） tfp_lp
dgt_idx	0.008*** （0.000）	0.006*** （0.000）	0.012*** （0.000）	0.012*** （0.000）	0.011*** （0.000）	0.009*** （0.000）	0.013*** （0.000）	0.012*** （0.000）
lnemployee	0.070*** （0.005）	0.062*** （0.005）	0.116*** （0.004）	0.119*** （0.004）	0.335*** （0.005）	0.327*** （0.005）	0.391*** （0.004）	0.393*** （0.004）
estage	0.019*** （0.001）	0.007*** （0.001）	-0.001** （0.001）	-0.000 （0.001）	0.019*** （0.001）	0.008*** （0.001）	-0.001 （0.001）	0.000 （0.001）
Lev	1.371*** （0.030）	1.435*** （0.029）	0.864*** （0.027）	0.890*** （0.027）	1.331*** （0.030）	1.388*** （0.029）	0.798*** （0.026）	0.826*** （0.026）
Ato	0.896*** （0.012）	0.909*** （0.012）	0.925*** （0.012）	0.913*** （0.012）	0.945*** （0.012）	0.955*** （0.012）	0.986*** （0.012）	0.974*** （0.012）

续表

变量	模型（1）tfp_op	模型（2）tfp_op	模型（3）tfp_op	模型（4）tfp_op	模型（5）tfp_lp	模型（6）tfp_lp	模型（7）tfp_lp	模型（8）tfp_lp
Top5	0.692*** （0.028）	0.611*** （0.028）	0.408*** （0.025）	0.353*** （0.025）	0.664*** （0.028）	0.592*** （0.027）	0.387*** （0.025）	0.333*** （0.025）
Roa	1.893*** （0.079）	2.017*** （0.077）	1.666*** （0.068）	1.612*** （0.068）	1.901*** （0.080）	2.011*** （0.078）	1.639*** （0.068）	1.592*** （0.068）
SOE	0.213*** （0.009）	0.265*** （0.009）	0.180*** （0.009）	0.169*** （0.009）	0.175*** （0.009）	0.221*** （0.009）	0.152*** （0.009）	0.142*** （0.009）
省份效应	未控制	未控制	未控制	已控制	未控制	未控制	未控制	已控制
行业效应	未控制	未控制	已控制	已控制	未控制	未控制	已控制	已控制
年度效应	未控制	已控制	已控制	已控制	未控制	已控制	已控制	已控制
常数项	3.828*** （0.036）	3.907*** （0.038）	3.631*** （0.055）	3.909*** （0.058）	3.400*** （0.035）	3.475*** （0.038）	3.223*** （0.051）	3.502*** （0.055）
观测值数量	29970	29970	29970	29970	29970	29970	29970	29970
R^2	0.466	0.488	0.609	0.622	0.633	0.645	0.737	0.746

注：括号内为稳健标准误，*、** 和 *** 分别表示在 10%、5% 和 1% 的水平上显著。本章下同。

表 6-3　数字化转型指数对 TFP 的基本回归结果（二）

变量	模型（1）tfp_ols	模型（2）tfp_ols	模型（3）tfp_ols	模型（4）tfp_ols	模型（5）tfp_fe	模型（6）tfp_fe	模型（7）tfp_fe	模型（8）tfp_fe
dgt_idx	0.005*** （0.000）	0.002*** （0.000）	0.012*** （0.000）	0.011*** （0.000）	0.004*** （0.000）	0.001*** （0.000）	0.012*** （0.000）	0.011*** （0.000）
lnemployee	0.566*** （0.005）	0.557*** （0.005）	0.603*** （0.005）	0.607*** （0.005）	0.626*** （0.005）	0.616*** （0.005）	0.660*** （0.005）	0.664*** （0.005）
estage	0.020*** （0.001）	0.007*** （0.001）	−0.002** （0.001）	−0.000 （0.001）	0.020*** （0.001）	0.006*** （0.001）	−0.002*** （0.001）	−0.000 （0.001）
Lev	1.411*** （0.031）	1.482*** （0.030）	0.933*** （0.029）	0.957*** （0.029）	1.421*** （0.031）	1.494*** （0.030）	0.950*** （0.030）	0.974*** （0.029）
Ato	0.848*** （0.012）	0.862*** （0.012）	0.863*** （0.013）	0.852*** （0.013）	0.836*** （0.013）	0.851*** （0.012）	0.847*** （0.013）	0.836*** （0.013）
Top5	0.715*** （0.029）	0.626*** （0.029）	0.425*** （0.026）	0.370*** （0.026）	0.721*** （0.030）	0.631*** （0.029）	0.429*** （0.027）	0.374*** （0.027）

续表

变量	模型（1）tfp_ols	模型（2）tfp_ols	模型（3）tfp_ols	模型（4）tfp_ols	模型（5）tfp_fe	模型（6）tfp_fe	模型（7）tfp_fe	模型（8）tfp_fe
Roa	1.887*** （0.081）	2.026*** （0.079）	1.697*** （0.071）	1.636*** （0.071）	1.885*** （0.081）	2.027*** （0.079）	1.704*** （0.072）	1.641*** （0.072）
SOE	0.253*** （0.010）	0.309*** （0.010）	0.208*** （0.009）	0.197*** （0.009）	0.262*** （0.010）	0.320*** （0.010）	0.215*** （0.009）	0.204*** （0.009）
省份效应	未控制	未控制	未控制	已控制	未控制	未控制	未控制	已控制
行业效应	未控制	未控制	已控制	已控制	未控制	未控制	已控制	已控制
年度效应	未控制	已控制	已控制	已控制	未控制	已控制	已控制	已控制
常数项	4.289*** （0.038）	4.372*** （0.040）	4.069*** （0.059）	4.346*** （0.063）	4.401*** （0.038）	4.485*** （0.041）	4.176*** （0.060）	4.452*** （0.064）
观测值数量	29970	29970	29970	29970	29970	29970	29970	29970
R^2	0.715	0.728	0.787	0.794	0.733	0.745	0.799	0.806

第四节　异质性分析

一、所有制异质性

分别考察国有企业与非国有企业子样本中数字化指数对全要素生产率的影响，表 6-4 显示除 LP 方法和 FE 方法测算的 TFP 外，数字化转型指数对国有企业全要素生产率的正向影响均要高于非国有企业，对国有企业而言，dgt_idx 系数平均估计值达到了 0.0095，而非国有企业的相应平均值为 0.00875，这表明数字化转型对国有企业完善经营管理、提升经营效率的作用大于非国有企业。易露霞等（2021）利用 2007~2018 年我国 A 股上市公司样本研究发现企业数字化转型显著提升了主业业绩水平，提升效应在国有企业分组中更显著，他们认为这源于国有企业依托国家信誉更容易获得资源和市场，国有企业能更好地契合国家战略、深度推进数字化转型并与实体经济相融合，而非国有企业受制于资源约束，难以承担数字化转型的长周期、高投入及所蕴含的风险，所以效率相应下降。

表 6-4 国有企业与非国有企业的异质性分析

变量	模型（1）	模型（2）	模型（3）	模型（4）	模型（5）	模型（6）	模型（7）	模型（8）
	国有企业样本				非国有企业样本			
	tfp_op	tfp_lp	tfp_ols	tfp_fe	tfp_op	tfp_lp	tfp_ols	tfp_fe
dgt_idx	0.009*** （0.001）	0.005*** （0.001）	0.013*** （0.001）	0.011*** （0.001）	0.007*** （0.000）	0.005*** （0.000）	0.012*** （0.001）	0.011*** （0.001）
lnemployee	0.053*** （0.007）	0.043*** （0.007）	0.119*** （0.008）	0.118*** （0.007）	0.067*** （0.006）	0.059*** （0.006）	0.108*** （0.005）	0.111*** （0.005）
estage	0.022*** （0.001）	0.005*** （0.001）	−0.003** （0.001）	−0.002* （0.001）	0.019*** （0.001）	0.009*** （0.001）	0.001 （0.001）	0.002** （0.001）
Lev	1.918*** （0.046）	2.027*** （0.046）	1.252*** （0.046）	1.257*** （0.046）	1.127*** （0.038）	1.177*** （0.036）	0.686*** （0.033）	0.708*** （0.032）
Ato	0.832*** （0.015）	0.864*** （0.015）	0.854*** （0.018）	0.847*** （0.017）	0.967*** （0.017）	0.969*** （0.017）	0.977*** （0.016）	0.968*** （0.016）
Top5	1.301*** （0.050）	1.132*** （0.049）	0.787*** （0.048）	0.680*** （0.048）	0.336*** （0.034）	0.291*** （0.034）	0.184*** （0.031）	0.159*** （0.031）
Roa	3.854*** （0.166）	4.098*** （0.164）	3.289*** （0.153）	3.187*** （0.154）	1.436*** （0.086）	1.540*** （0.084）	1.308*** （0.074）	1.271*** （0.074）
省份效应	未控制	未控制	未控制	已控制	未控制	未控制	未控制	已控制
行业效应	未控制	未控制	已控制	已控制	未控制	未控制	已控制	已控制
年度效应	未控制	已控制	已控制	已控制	未控制	已控制	已控制	已控制
常数项	3.471*** （0.063）	3.738*** （0.066）	3.399*** （0.087）	3.954*** （0.092）	4.137*** （0.045）	4.156*** （0.049）	3.958*** （0.072）	4.086*** （0.076）
观测值数量	9630	9630	9630	9630	20340	20340	20340	20340
R^2	0.489	0.513	0.653	0.680	0.425	0.448	0.572	0.582

二、企业规模异质性

将公司职员数量的对数大于等于均值的企业定义为大型企业，将职员数量对数小于均值的企业定义为小型企业。表 6-5 列出了大型企业和小型企业的回归结果，显示数字化对大型企业的影响要略高于小型企业，可能的原因在于，数字化转型涉及大量新型基础设施的建设和硬件、软件的改造，需要大量人力、物力、财力的投入，具有较强的规模经济效应和网络效应，因此对大型企业全要素生产率的影响大于小型企业。小型企业虽然不具备规模庞大、资金雄厚、资源丰富、基础设施和商业模式相对成熟等优势，但船小好调头的特征在一定程度上弥补了其在数字化转型过程中的不利地位，因此大型、小型企业的数字化转型也各有不同侧重点，如大型企业侧重于整合构建产业链上下游平台型、生态型组织，而小型企业则应侧重于加速其核心业务环节的转型升级。

表 6-5　大型企业和小型企业的异质性分析

变量	模型（1）	模型（2）	模型（3）	模型（4）	模型（5）	模型（6）	模型（7）	模型（8）
	大型企业样本				小型企业样本			
	tfp_op	tfp_op	tfp_op	tfp_op	tfp_op	tfp_op	tfp_op	tfp_op
dgt_idx	0.009*** （0.000）	0.005*** （0.000）	0.012*** （0.001）	0.012*** （0.001）	0.008*** （0.001）	0.006*** （0.001）	0.012*** （0.001）	0.011*** （0.001）
lnemployee	0.204*** （0.007）	0.198*** （0.007）	0.220*** （0.007）	0.216*** （0.007）	−0.068*** （0.011）	−0.085*** （0.011）	0.031*** （0.010）	0.034*** （0.010）
estage	0.019*** （0.001）	0.004*** （0.001）	−0.001 （0.001）	0.001 （0.001）	0.018*** （0.001）	0.007*** （0.001）	−0.004*** （0.001）	−0.003*** （0.001）
Lev	1.558*** （0.037）	1.629*** （0.036）	1.059*** （0.035）	1.073*** （0.035）	1.173*** （0.043）	1.228*** （0.042）	0.698*** （0.038）	0.721*** （0.037）
Ato	0.754*** （0.014）	0.777*** （0.014）	0.770*** （0.014）	0.766*** （0.014）	1.073*** （0.020）	1.077*** （0.020）	1.120*** （0.021）	1.101*** （0.021）
Top5	0.733*** （0.034）	0.608*** （0.033）	0.381*** （0.031）	0.313*** （0.031）	0.502*** （0.045）	0.448*** （0.045）	0.374*** （0.040）	0.330*** （0.040）
Roa	2.352*** （0.105）	2.448*** （0.101）	2.007*** （0.093）	1.992*** （0.093）	1.669*** （0.107）	1.803*** （0.105）	1.482*** （0.090）	1.406*** （0.089）
SOE	0.181*** （0.011）	0.241*** （0.011）	0.187*** （0.010）	0.174*** （0.010）	0.222*** （0.016）	0.266*** （0.016）	0.134*** （0.015）	0.136*** （0.015）
省份效应	未控制	未控制	未控制	已控制	未控制	未控制	未控制	已控制
行业效应	未控制	未控制	已控制	已控制	未控制	未控制	已控制	已控制
年度效应	未控制	已控制	已控制	已控制	未控制	已控制	已控制	已控制
常数项	2.630*** （0.059）	2.712*** （0.060）	2.229*** （0.088）	2.617*** （0.095）	4.876*** （0.080）	4.995*** （0.082）	4.476*** （0.081）	4.721*** （0.087）
观测值数量	14810	14810	14810	14810	15160	15160	15160	15160
R^2	0.494	0.527	0.640	0.657	0.376	0.395	0.550	0.564

三、区域异质性

将样本分为东部、中部、西部三个子样本进行回归，结果如表 6–6 和表 6–7 所示。东部地区包括北京、天津、河北、辽宁、上海、江苏、浙江、福建、山东、广东、广西、海南 12 个省份，中部地区包括山西、内蒙古、吉林、黑龙江、安徽、江西、河南、湖北、湖南 9 个省份，西部地区包括重庆、四川、陕西、云南、贵州、甘肃、青海、宁夏、西藏、新疆 10 个省份。表 6–6 和表 6–7 显示东部、中部、西部三大区域的有效样本数量分别为 20954、5281 和 3735，反映出我国区域经济发展不平衡的矛盾，A 股上市公司则主要集中在东部地区，其次为中部地区，西部地区最少。

表 6–6　数字化指数对全要素生产率影响的区域差异（一）

变量	模型（1）	模型（2）	模型（3）	模型（4）	模型（5）	模型（6）
	东部	中部	西部	东部	中部	西部
	tfp_op	tfp_op	tfp_op	tfp_lp	tfp_lp	tfp_lp
dgt_idx	0.011*** （0.001）	0.013*** （0.001）	0.016*** （0.002）	0.012*** （0.001）	0.013*** （0.001）	0.016*** （0.002）
lnemployee	0.105*** （0.005）	0.133*** （0.010）	0.157*** （0.014）	0.380*** （0.005）	0.406*** （0.010）	0.430*** （0.013）
estage	–0.000 （0.001）	0.003 （0.002）	–0.003 （0.002）	0.000 （0.001）	0.003* （0.002）	–0.002 （0.002）
Lev	0.997*** （0.033）	0.762*** （0.064）	0.685*** （0.071）	0.928*** （0.032）	0.701*** （0.063）	0.605*** （0.069）
Ato	0.922*** （0.015）	0.905*** （0.025）	0.846*** （0.038）	0.983*** （0.015）	0.948*** （0.024）	0.931*** （0.037）
Top5	0.279*** （0.030）	0.419*** （0.061）	0.596*** （0.074）	0.260*** （0.029）	0.377*** （0.059）	0.622*** （0.072）
Roa	1.557*** （0.081）	1.795*** （0.157）	1.890*** （0.196）	1.550*** （0.081）	1.767*** （0.151）	1.768*** （0.199）
SOE	0.173*** （0.011）	0.143*** （0.018）	0.217*** （0.025）	0.144*** （0.011）	0.124*** （0.018）	0.184*** （0.025）
省份效应	已控制	已控制	已控制	已控制	已控制	已控制
行业效应	已控制	已控制	已控制	已控制	已控制	已控制
年度效应	已控制	已控制	已控制	已控制	已控制	已控制

续表

变量	模型（1）	模型（2）	模型（3）	模型（4）	模型（5）	模型（6）
	东部	中部	西部	东部	中部	西部
	tfp_op	tfp_op	tfp_op	tfp_lp	tfp_lp	tfp_lp
常数项	4.233*** （0.081）	3.658*** （0.136）	3.242*** （0.130）	3.786*** （0.081）	3.277*** （0.126）	2.874*** （0.124）
观测值数量	20954	5281	3735	20954	5281	3735
R^2	0.629	0.647	0.628	0.747	0.773	0.756

表 6-7　数字化指数对全要素生产率影响的区域差异（二）

变量	模型（1）	模型（2）	模型（3）	模型（4）	模型（5）	模型（6）
	东部	中部	西部	东部	中部	西部
	tfp_ols	tfp_ols	tfp_ols	tfp_fe	tfp_fe	tfp_fe
dgt_idx	0.010*** （0.001）	0.013*** （0.001）	0.015*** （0.002）	0.010*** （0.001）	0.013*** （0.001）	0.015*** （0.002）
lnemployee	0.591*** （0.005）	0.623*** （0.011）	0.647*** （0.014）	0.648*** （0.005）	0.681*** （0.011）	0.704*** （0.015）
estage	−0.001 （0.001）	0.002 （0.002）	−0.003 （0.002）	−0.001 （0.001）	0.002 （0.002）	−0.003 （0.002）
Lev	1.068*** （0.035）	0.827*** （0.067）	0.769*** （0.076）	1.086*** （0.035）	0.843*** （0.068）	0.789*** （0.077）
Ato	0.860*** （0.016）	0.861*** （0.026）	0.757*** （0.040）	0.845*** （0.016）	0.851*** （0.026）	0.735*** （0.040）
Top5	0.294*** （0.031）	0.462*** （0.064）	0.569*** （0.077）	0.298*** （0.032）	0.473*** （0.065）	0.562*** （0.078）
Roa	1.567*** （0.084）	1.825*** （0.166）	2.016*** （0.201）	1.570*** （0.085）	1.833*** （0.169）	2.047*** （0.203）
SOE	0.202*** （0.012）	0.162*** （0.020）	0.251*** （0.027）	0.209*** （0.012）	0.167*** （0.020）	0.259*** （0.027）
省份效应	已控制	已控制	已控制	已控制	已控制	已控制
行业效应	已控制	已控制	已控制	已控制	已控制	已控制
年度效应	已控制	已控制	已控制	已控制	已控制	已控制

续表

变量	模型（1）	模型（2）	模型（3）	模型（4）	模型（5）	模型（6）
	东部	中部	西部	东部	中部	西部
	tfp_ols	tfp_ols	tfp_ols	tfp_fe	tfp_fe	tfp_fe
常数项	4.713*** （0.087）	4.063*** （0.148）	3.626*** （0.140）	4.830*** （0.089）	4.161*** （0.151）	3.721*** （0.142）
观测值数量	20954	5281	3735	20954	5281	3735
R^2	0.798	0.816	0.800	0.810	0.827	0.811

多种方法测度 TFP 均显示西部子样本 dgt_idx 的系数估计值均高于中部和东部，同时东部系数估计值最低，这与韦庄禹（2022）的研究结论基本一致，韦庄禹（2022）发现数字经济发展可以显著提升中西部地区制造业企业的资源配置效率，但对东部地区制造业企业资源配置效率的影响不显著。长期以来，在我国区域经济三大板块中，西部地区是最为薄弱的，但数字经济和实体经济的融合发展为西部地区创造了弯道超车的机会，中国信息通信研究院发布的《中国数字经济发展报告（2022 年）》显示，2021 年我国数字经济年均增速高达 15.9%，贵州、重庆、江西、四川等省份数字经济持续快速发展，增速超过全国平均水平，其中贵州、重庆数字经济同比增速均超过 20%。重庆大力促进数字产业化、产业数字化，倾力打造智造重镇、建设智慧名城，贵州则建设全国首个大数据综合试验区，加快形成以数据中心、云服务为引领的特色数字产业集群，创造了黄金十年。

四、高新技术行业异质性

将样本分为高新技术行业企业和非高新技术行业企业两个群组，高新技术行业的代码分别为 C27（医药制造业）、C37（铁路、船舶、航空航天和其他运输设备制造业）、C39（计算机、通信及其他电子设备制造业）和 C40（仪器仪表制造业）。回归结果如表 6-8 所示，数字化转型对高新技术行业企业全要素生产率的影响略高于非高新技术行业企业，可能的原因在于，高新技术行业企业具有较好的技术基础和人力资本积累，发展战略、产品和服务改进方向更加契合国家的政策引导，这些企业作为产业深度融合的重要载体，更加重视信息技术和数字工具的广泛运用，在产品和业务模式设计上也更加倾向于价值链高端。高新技术行业企业很重视与上下游企业、高校科研机构、其他高新技术行业企业建立战略合作关系，在产业数字化转型过程中，高新技术行业企业发挥引领者作用，其相对更高的数字化水平促进自身全要素生产率的提升并推动整个产业结构不断优化升级。

表 6-8　高新与非高新技术行业企业的异质性分析

变量	模型（1）	模型（2）	模型（3）	模型（4）	模型（5）	模型（6）	模型（7）	模型（8）
	高新技术行业企业				非高新技术行业企业			
	tfp_op	tfp_lp	tfp_ols	tfp_fe	tfp_op	tfp_lp	tfp_ols	tfp_fe
dgt_idx	0.013*** （0.001）	0.014*** （0.001）	0.011*** （0.001）	0.011*** （0.001）	0.011*** （0.001）	0.011*** （0.001）	0.011*** （0.001）	0.011*** （0.001）
lnemployee	0.158*** （0.009）	0.423*** （0.009）	0.656*** （0.010）	0.715*** （0.010）	0.112*** （0.005）	0.389*** （0.005）	0.597*** （0.005）	0.653*** （0.005）
estage	0.001 （0.001）	0.002 （0.001）	0.000 （0.001）	0.000 （0.001）	−0.001 （0.001）	−0.001 （0.001）	−0.001 （0.001）	−0.001 （0.001）
Lev	0.411*** （0.057）	0.359*** （0.055）	0.464*** （0.061）	0.477*** （0.063）	0.993*** （0.030）	0.919*** （0.029）	1.070*** （0.032）	1.089*** （0.032）
Ato	1.052*** （0.031）	1.147*** （0.029）	0.954*** （0.033）	0.930*** （0.033）	0.894*** （0.013）	0.950*** （0.013）	0.837*** （0.014）	0.823*** （0.014）
Top5	0.166*** （0.051）	0.208*** （0.050）	0.119** （0.054）	0.108** （0.055）	0.353*** （0.028）	0.320*** （0.028）	0.384*** （0.030）	0.392*** （0.030）
Roa	1.301*** （0.133）	1.323*** （0.128）	1.280*** （0.142）	1.274*** （0.145）	1.635*** （0.079）	1.598*** （0.079）	1.675*** （0.081）	1.685*** （0.082）
SOE	0.152*** （0.017）	0.146*** （0.017）	0.161*** （0.018）	0.163*** （0.019）	0.166*** （0.010）	0.135*** （0.010）	0.198*** （0.011）	0.206*** （0.011）
省份效应	已控制	已控制	已控制	已控制	已控制	已控制	已控制	已控制
行业效应	已控制	已控制	已控制	已控制	已控制	已控制	已控制	已控制
年度效应	已控制	已控制	已控制	已控制	已控制	已控制	已控制	已控制
常数项	3.931*** （0.081）	3.471*** （0.078）	4.421*** （0.086）	4.540*** （0.088）	3.958*** （0.061）	3.557*** （0.058）	4.388*** （0.066）	4.492*** （0.067）
观测值数量	5429	5429	5429	5429	24159	24159	24159	24159
R^2	0.613	0.777	0.825	0.837	0.624	0.743	0.791	0.803

第五节 稳健性检验

国内学者广泛运用文本挖掘的方法测度企业数字化水转型水平。借鉴吴育辉等（2022）的研究，采用变量替换法及使用数字化特征值在上市公司年报中出现的总频数来测度其数字化转型水平。具体操作方法如下：从证交所网站采集A股所有上市公司的年度报告，结合重要政策文件和相关文献整理数字化转型的关键特征词（见表6-9），运用Python语言提取、统计年度报告中所有特征词出现的总频数以及年度报告总字数，将特征值总频数与年度报告总字数的比值设定为新的企业数字化转型指数（digit_wf）。通过上述方法得到2011~2021年A股上市公司33740个指数值，均值为0.0000731，最小值为0，最大值为0.003674881，与基本数据集匹配后得到28219个有效样本。为使各个指标数据的数量级尽量接近，本书将企业数字化转型指数乘以1000。

表6-9 企业数字化转型特征词

维度	特征词
人工智能	人工智能、商业智能、图像理解、投资决策辅助系统、智能数据分析、智能机器人、机器学习、深度学习、语义搜索、生物识别技术、人脸识别、语音识别、身份验证、自动驾驶、自然语言处理
大数据	大数据、数据挖掘、文本挖掘、数据可视化、异构数据、征信、增强现实、混合现实、虚拟现实、VR
云计算	云计算、流计算、图计算、内存计算、多方安全计算、类脑计算、绿色计算、认知计算、融合架构、亿级并发、EB级存储、物联网、信息物理系统
区块链	区块链、数字货币、分布式计算、差分隐私技术、智能金融合约
数字技术运用	移动互联网、工业互联网、移动互联、互联网医疗、电子商务、移动支付、第三方支付、NFC支付、智能能源、B2B、B2C、C2B、C2C、O2O、网联、智能穿戴、智慧农业、智能交通、智能医疗、智能客服、智能家居、智能投顾、智能文旅、智能环保、智能电网、智能营销、数字营销、无人零售、互联网金融、数字金融、Fintech、金融科技、量化金融、开放银行

回归结果如表6-10和表6-11所示，采用新的数字化转型指数digit_wf后，对各种测度得到的TFP水平依然具有显著的促进作用，与基本结论一致。

表 6-10 基于文本挖掘的数字化转型指数对 TFP 影响的回归结果（一）

变量	模型（1）tfp_op	模型（2）tfp_op	模型（3）tfp_op	模型（4）tfp_op	模型（5）tfp_lp	模型（6）tfp_lp	模型（7）tfp_lp	模型（8）tfp_lp
digit_wf	0.399*** （0.021）	0.285*** （0.020）	0.338*** （0.024）	0.318*** （0.023）	0.556*** （0.023）	0.451*** （0.021）	0.381*** （0.024）	0.359*** （0.024）
lnemployee	0.079*** （0.005）	0.067*** （0.005）	0.134*** （0.004）	0.136*** （0.004）	0.348*** （0.005）	0.337*** （0.005）	0.409*** （0.004）	0.410*** （0.004）
estage	0.019*** （0.001）	0.007*** （0.001）	−0.001* （0.001）	0.000 （0.001）	0.019*** （0.001）	0.007*** （0.001）	−0.001 （0.001）	0.001 （0.001）
Lev	1.361*** （0.031）	1.434*** （0.030）	0.852*** （0.029）	0.882*** （0.028）	1.318*** （0.031）	1.385*** （0.030）	0.789*** （0.028）	0.820*** （0.027）
Ato	0.887*** （0.012）	0.903*** （0.012）	0.921*** （0.013）	0.908*** （0.013）	0.930*** （0.012）	0.945*** （0.012）	0.981*** （0.013）	0.967*** （0.012）
Top5	0.661*** （0.029）	0.593*** （0.029）	0.361*** （0.026）	0.306*** （0.026）	0.624*** （0.029）	0.561*** （0.028）	0.340*** （0.026）	0.285*** （0.025）
Roa	1.930*** （0.083）	2.067*** （0.081）	1.682*** （0.072）	1.632*** （0.071）	1.931*** （0.084）	2.057*** （0.081）	1.666*** （0.071）	1.622*** （0.071）
SOE	0.202*** （0.010）	0.257*** （0.010）	0.173*** （0.009）	0.163*** （0.009）	0.159*** （0.010）	0.211*** （0.010）	0.146*** （0.009）	0.136*** （0.009）
省份效应	未控制	未控制	未控制	已控制	未控制	未控制	未控制	已控制
行业效应	未控制	未控制	已控制	已控制	未控制	未控制	已控制	已控制
年度效应	未控制	已控制	已控制	已控制	未控制	已控制	已控制	已控制
常数项	4.051*** （0.036）	4.056*** （0.038）	3.870*** （0.056）	4.149*** （0.060）	3.698*** （0.035）	3.708*** （0.037）	3.470*** （0.053）	3.750*** （0.057）
观测值数量	28219	28219	28219	28219	28219	28219	28219	28219
R^2	0.464	0.486	0.602	0.616	0.629	0.643	0.732	0.741

表 6-11 基于文本挖掘的数字化转型指数对 TFP 影响的回归结果（二）

变量	模型（1）tfp_ols	模型（2）tfp_ols	模型（3）tfp_ols	模型（4）tfp_ols	模型（5）tfp_fe	模型（6）tfp_fe	模型（7）tfp_fe	模型（8）tfp_fe
digit_wf	0.238*** （0.022）	0.114*** （0.021）	0.292*** （0.024）	0.275*** （0.023）	0.198*** （0.022）	0.072*** （0.022）	0.281*** （0.024）	0.264*** （0.024）

续表

变量	模型（1）tfp_ols	模型（2）tfp_ols	模型（3）tfp_ols	模型（4）tfp_ols	模型（5）tfp_fe	模型（6）tfp_fe	模型（7）tfp_fe	模型（8）tfp_fe
lnemployee	0.571*** （0.005）	0.558*** （0.005）	0.621*** （0.005）	0.623*** （0.005）	0.630*** （0.005）	0.616*** （0.005）	0.677*** （0.005）	0.680*** （0.005）
estage	0.020*** （0.001）	0.007*** （0.001）	−0.002** （0.001）	−0.000 （0.001）	0.020*** （0.001）	0.006*** （0.001）	−0.002** （0.001）	−0.000 （0.001）
Lev	1.405*** （0.032）	1.484*** （0.031）	0.919*** （0.030）	0.946*** （0.030）	1.416*** （0.032）	1.497*** （0.031）	0.935*** （0.031）	0.962*** （0.030）
Ato	0.843*** （0.013）	0.862*** （0.012）	0.860*** （0.013）	0.848*** （0.013）	0.832*** （0.013）	0.851*** （0.013）	0.845*** （0.014）	0.833*** （0.013）
Top5	0.694*** （0.030）	0.622*** （0.030）	0.380*** （0.027）	0.323*** （0.027）	0.702*** （0.031）	0.629*** （0.030）	0.385*** （0.028）	0.328*** （0.028）
Roa	1.931*** （0.084）	2.080*** （0.082）	1.703*** （0.075）	1.644*** （0.074）	1.931*** （0.085）	2.082*** （0.083）	1.708*** （0.076）	1.647*** （0.075）
SOE	0.244*** （0.010）	0.305*** （0.010）	0.201*** （0.010）	0.190*** （0.010）	0.255*** （0.010）	0.317*** （0.010）	0.208*** （0.010）	0.197*** （0.010）
省份效应	未控制	未控制	未控制	已控制	未控制	未控制	未控制	已控制
行业效应	未控制	未控制	已控制	已控制	未控制	未控制	已控制	已控制
年度效应	未控制	已控制	已控制	已控制	未控制	已控制	已控制	已控制
常数项	4.433*** （0.037）	4.433*** （0.040）	4.298*** （0.061）	4.577*** （0.065）	4.526*** （0.037）	4.524*** （0.040）	4.403*** （0.062）	4.681*** （0.066）
观测值数量	28219	28219	28219	28219	28219	28219	28219	28219
R^2	0.713	0.727	0.783	0.791	0.731	0.744	0.795	0.803

第六节　中介效应检验

为验证数字化转型是否通过创新产出渠道对全要素生产率产生积极影响（研究假设 6–2），选取专利授权数量作为创新产出的代理变量，基础数据源于国泰安专利数据库。其中，Patent1 为发明专利、实用新型和外观设计专利的总授权量，Patent2 为发明专利、实用新型和外观设计专利的加权平均总授权量，3 种专利的权重按照 3：2：1 进行取值，lnPatent_Awd1 和 lnPatent_Awd2 分别为 Patent1 和 Patent2 加上 1 之后的自然对数。

中介效应检验结果如表 6–12 和表 6–13 所示，在 1% 的水平数字化转型指数对 lnPatent_Awd1 和 lnPatent_Awd2 均有积极影响。在表 6–12 和表 6–13 中，与模型（1）相比，加入 lnPatent_Awd1［模型（3）］和 lnPatent_Awd2［模型（5）］后数字化指数依然对全要素生产率具有显著的解释能力，但系数估计值下降说明创新产出 lnPatent_Awd1 和 lnPatent_Awd2 存在部分中介效应。以表 6–12 为例，dgt_idx 对 tfp_op 的系数估计值为 0.012（总效应），对 lnPatent_Awd1 的系数估计值为 0.019，模型（3）中 dgt_idx 和 lnPatent_Awd1 的系数估计值均在 1% 的水平上显著，但 dgt_idx 系数估计值下降为 0.008（直接效应），lnPatent_Awd1 在 dgt_idx 和 tfp_op 之间的中介效应为 0.0016（0.019 × 0.083），占总效应的 13.3%、占间接效应的 40%，lnPatent_Awd2 的中介效应为 0.00135，约占总效应的 11.3%、占间接效应的 33.8%。对表 6–13 的计算也可得到类似的结论。

表 6–12　创新产出的中介效应检验（一）

变量	模型（1） tfp_op	模型（2） lnPatent_Awd1	模型（3） tfp_op	模型（4） lnPatent_Awd2	模型（5） tfp_op
lnPatent_Awd1			0.083^{***} （0.007）		
lnPatent_Awd2					0.090^{***} （0.006）
dgt_idx	0.012^{***} （0.000）	0.019^{***} （0.002）	0.008^{***} （0.001）	0.015^{***} （0.002）	0.008^{***} （0.001）
lnemployee	0.119^{***} （0.004）	0.630^{***} （0.015）	0.093^{***} （0.009）	0.660^{***} （0.016）	0.085^{***} （0.009）
estage	–0.000 （0.001）	-0.015^{***} （0.003）	0.000 （0.001）	-0.018^{***} （0.003）	0.001 （0.001）
Lev	0.890^{***} （0.027）	–0.070 （0.087）	0.878^{***} （0.053）	–0.121 （0.091）	0.884^{***} （0.053）
Ato	0.913^{***} （0.012）	–0.062 （0.044）	0.832^{***} （0.025）	-0.077^{*} （0.046）	0.836^{***} （0.025）

续表

变量	模型（1） tfp_op	模型（2） lnPatent_Awd1	模型（3） tfp_op	模型（4） lnPatent_Awd2	模型（5） tfp_op
Top5	0.353*** （0.025）	0.337*** （0.088）	0.078* （0.044）	0.426*** （0.093）	0.068 （0.044）
Roa	1.612*** （0.068）	0.555** （0.223）	1.631*** （0.144）	0.870*** （0.243）	1.603*** （0.142）
SOE	0.169*** （0.009）	0.109*** （0.031）	0.139*** （0.015）	0.177*** （0.033）	0.132*** （0.015）
省份效应	已控制	已控制	已控制	已控制	已控制
行业效应	已控制	已控制	已控制	已控制	已控制
年度效应	已控制	已控制	已控制	已控制	已控制
常数项	3.909*** （0.058）	−3.889*** （0.228）	4.720*** （0.085）	−4.512*** （0.220）	4.806*** （0.086）
观测值数量	29970	6442	5675	6442	5675
R^2	0.622	0.512	0.713	0.504	0.716

表 6-13　创新产出的中介效应检验（二）

变量	模型（1） tfp_lp	模型（2） lnPatent_Awd1	模型（3） tfp_lp	模型（4） lnPatent_Awd2	模型（5） tfp_lp
lnPatent_Awd1			0.074*** （0.007）		
lnPatent_Awd2					0.081*** （0.006）
dgt_idx	0.012*** （0.000）	0.019*** （0.002）	0.009*** （0.001）	0.015*** （0.002）	0.009*** （0.001）
lnemployee	0.393*** （0.004）	0.630*** （0.015）	0.372*** （0.009）	0.660*** （0.016）	0.364*** （0.009）
estage	0.000 （0.001）	−0.015*** （0.003）	0.000 （0.001）	−0.018*** （0.003）	0.001 （0.001）
Lev	0.826*** （0.026）	−0.070 （0.087）	0.793*** （0.051）	−0.121 （0.091）	0.799*** （0.051）

续表

变量	模型（1）tfp_lp	模型（2）lnPatent_Awd1	模型（3）tfp_lp	模型（4）lnPatent_Awd2	模型（5）tfp_lp
Ato	0.974*** （0.012）	−0.062 （0.044）	0.888*** （0.025）	−0.077* （0.046）	0.891*** （0.024）
Top5	0.333*** （0.025）	0.337*** （0.088）	0.080* （0.043）	0.426*** （0.093）	0.070 （0.043）
Roa	1.592*** （0.068）	0.555** （0.223）	1.674*** （0.143）	0.870*** （0.243）	1.649*** （0.142）
SOE	0.142*** （0.009）	0.109*** （0.031）	0.128*** （0.015）	0.177*** （0.033）	0.122*** （0.015）
省份效应	已控制	已控制	已控制	已控制	已控制
行业效应	已控制	已控制	已控制	已控制	已控制
年度效应	已控制	已控制	已控制	已控制	已控制
常数项	3.502*** （0.055）	−3.889*** （0.228）	4.265*** （0.089）	−4.512*** （0.220）	4.347*** （0.089）
观测值数量	29970	6442	5675	6442	5675
R^2	0.746	0.512	0.826	0.504	0.828

第七节　内生性检验

为避免解释变量内生性的可能影响，采用滞后期模型检验法和工具变量法替换可能存在内生性的关键解释变量并使用倾向得分匹配法与加权最小二乘法（WLS）进行检验。

一、滞后一期的解释变量

选择滞后一期的数字化转型指数 L.dgt_idx 作为核心解释变量替换 dgt_idx 进行回归，表 6–14 和表 6–15 中的结果显示滞后一期的数字化转型指数依然对上市公司的全要素生产率具有显著的积极影响。

表 6-14　滞后一期数字化转型指数对全要素生产率的影响（一）

变量	模型（1）tfp_op	模型（2）tfp_op	模型（3）tfp_op	模型（4）tfp_op	模型（5）tfp_lp	模型（6）tfp_lp	模型（7）tfp_lp	模型（8）tfp_lp
L.dgt_idx	0.009*** （0.000）	0.006*** （0.000）	0.012*** （0.000）	0.011*** （0.000）	0.011*** （0.000）	0.009*** （0.000）	0.013*** （0.000）	0.012*** （0.000）
lnemployee	0.070*** （0.005）	0.065*** （0.005）	0.121*** （0.004）	0.124*** （0.004）	0.334*** （0.005）	0.330*** （0.005）	0.395*** （0.004）	0.397*** （0.004）
estage	0.017*** （0.001）	0.007*** （0.001）	−0.001 （0.001）	0.000 （0.001）	0.017*** （0.001）	0.008*** （0.001）	−0.000 （0.001）	0.001 （0.001）
Lev	1.425*** （0.030）	1.467*** （0.029）	0.887*** （0.028）	0.911*** （0.027）	1.384*** （0.030）	1.422*** （0.030）	0.822*** （0.027）	0.848*** （0.027）
Ato	0.918*** （0.012）	0.923*** （0.012）	0.936*** （0.013）	0.926*** （0.013）	0.967*** （0.012）	0.972*** （0.012）	1.000*** （0.012）	0.989*** （0.012）
Top5	0.648*** （0.029）	0.578*** （0.028）	0.390*** （0.026）	0.340*** （0.026）	0.626*** （0.028）	0.562*** （0.028）	0.368*** （0.025）	0.318*** （0.025）
Roa	1.935*** （0.079）	2.007*** （0.078）	1.666*** （0.069）	1.609*** （0.069）	1.943*** （0.081）	2.008*** （0.079）	1.645*** （0.069）	1.595*** （0.069）
SOE	0.214*** （0.010）	0.256*** （0.010）	0.168*** （0.009）	0.156*** （0.009）	0.175*** （0.010）	0.212*** （0.010）	0.142*** （0.009）	0.130*** （0.009）
省份效应	未控制	未控制	未控制	已控制	未控制	未控制	未控制	已控制
行业效应	未控制	未控制	已控制	已控制	未控制	未控制	已控制	已控制
年度效应	未控制	已控制	已控制	已控制	未控制	已控制	已控制	已控制
常数项	3.861*** （0.037）	3.905*** （0.038）	3.596*** （0.056）	3.867*** （0.060）	3.431*** （0.036）	3.475*** （0.037）	3.195*** （0.053）	3.468*** （0.057）
观测值数量	28128	28128	28128	28128	28128	28128	28128	28128
R^2	0.475	0.493	0.615	0.628	0.638	0.649	0.741	0.749

表 6-15　滞后一期数字化转型指数对全要素生产率的影响（二）

变量	模型（1）tfp_ols	模型（2）tfp_ols	模型（3）tfp_ols	模型（4）tfp_ols	模型（5）tfp_fe	模型（6）tfp_fe	模型（7）tfp_fe	模型（8）tfp_fe
L.dgt_idx	0.005*** （0.000）	0.003*** （0.000）	0.012*** （0.000）	0.011*** （0.000）	0.005*** （0.000）	0.002*** （0.000）	0.012*** （0.000）	0.011*** （0.000）

续表

变量	模型（1） tfp_ols	模型（2） tfp_ols	模型（3） tfp_ols	模型（4） tfp_ols	模型（5） tfp_fe	模型（6） tfp_fe	模型（7） tfp_fe	模型（8） tfp_fe
lnemployee	0.567*** （0.005）	0.561*** （0.005）	0.608*** （0.005）	0.612*** （0.005）	0.626*** （0.005）	0.621*** （0.005）	0.665*** （0.005）	0.669*** （0.005）
estage	0.018*** （0.001）	0.007*** （0.001）	-0.001* （0.001）	-0.000 （0.001）	0.018*** （0.001）	0.007*** （0.001）	-0.002** （0.001）	-0.000 （0.001）
Lev	1.467*** （0.031）	1.513*** （0.030）	0.955*** （0.029）	0.978*** （0.029）	1.477*** （0.031）	1.525*** （0.030）	0.972*** （0.030）	0.994*** （0.029）
Ato	0.868*** （0.013）	0.875*** （0.012）	0.872*** （0.013）	0.863*** （0.013）	0.856*** （0.013）	0.863*** （0.013）	0.856*** （0.013）	0.847*** （0.013）
Top5	0.667*** （0.030）	0.590*** （0.029）	0.409*** （0.027）	0.359*** （0.027）	0.672*** （0.030）	0.593*** （0.030）	0.414*** （0.028）	0.363*** （0.027）
Roa	1.930*** （0.080）	2.009*** （0.079）	1.690*** （0.071）	1.626*** （0.071）	1.929*** （0.081）	2.009*** （0.079）	1.696*** （0.072）	1.630*** （0.072）
SOE	0.254*** （0.010）	0.300*** （0.010）	0.196*** （0.009）	0.183*** （0.009）	0.264*** （0.010）	0.311*** （0.010）	0.202*** （0.010）	0.190*** （0.010）
省份效应	未控制	未控制	未控制	已控制	未控制	未控制	未控制	已控制
行业效应	未控制	未控制	已控制	已控制	未控制	未控制	已控制	已控制
年度效应	未控制	已控制	已控制	已控制	未控制	已控制	已控制	已控制
常数项	4.322*** （0.038）	4.367*** （0.039）	4.028*** （0.060）	4.295*** （0.064）	4.434*** （0.039）	4.479*** （0.040）	4.133*** （0.061）	4.400*** （0.066）
观测值数量	28128	28128	28128	28128	28128	28128	28128	28128
R^2	0.721	0.732	0.792	0.798	0.739	0.749	0.804	0.810

二、球面距离工具变量

使用 lndist × digit 重新估计模型（lndist × digit 的定义见第四章第七节），表 6-16 和表 6-17 的回归结果显示在 1% 的水平 lndist × digit 对企业全要素生产率具有负面影响，即企业办公地所在城市距离杭州越远（数字化水平越弱），企业全要素生产率越低。

进一步使用二阶段最小二乘法（2SLS）进行内生性检验，结果并不能拒绝原假设，可认为本章的实证分析没有严重的内生性问题，基本回归结论是稳健的。

表 6-16　工具变量对全要素生产率的影响（一）

变量	模型（1） tfp_op	模型（2） tfp_op	模型（3） tfp_op	模型（4） tfp_op	模型（5） tfp_lp	模型（6） tfp_lp	模型（7） tfp_lp	模型（8） tfp_lp
lndist × digit	-0.015*** （0.002）	-0.015*** （0.002）	-0.011*** （0.002）	-0.017*** （0.002）	-0.015*** （0.002）	-0.015*** （0.002）	-0.009*** （0.002）	-0.017*** （0.002）
lnemployee	0.082*** （0.005）	0.067*** （0.005）	0.136*** （0.004）	0.136*** （0.004）	0.352*** （0.005）	0.339*** （0.005）	0.412*** （0.004）	0.412*** （0.004）
estage	0.018*** （0.001）	0.005*** （0.001）	-0.002*** （0.001）	-0.001 （0.001）	0.018*** （0.001）	0.005*** （0.001）	-0.002** （0.001）	-0.000 （0.001）
Lev	1.377*** （0.031）	1.465*** （0.030）	0.874*** （0.028）	0.900*** （0.028）	1.315*** （0.031）	1.399*** （0.030）	0.800*** （0.027）	0.828*** （0.027）
Ato	0.875*** （0.013）	0.890*** （0.012）	0.917*** （0.013）	0.908*** （0.013）	0.921*** （0.013）	0.936*** （0.012）	0.980*** （0.013）	0.970*** （0.012）
Top5	0.590*** （0.028）	0.536*** （0.028）	0.316*** （0.025）	0.264*** （0.025）	0.531*** （0.028）	0.479*** （0.028）	0.292*** （0.025）	0.239*** （0.025）
Roa	1.782*** （0.083）	1.943*** （0.080）	1.576*** （0.071）	1.532*** （0.070）	1.760*** （0.084）	1.913*** （0.081）	1.552*** （0.070）	1.514*** （0.070）
SOE	0.205*** （0.010）	0.269*** （0.010）	0.177*** （0.009）	0.161*** （0.009）	0.158*** （0.010）	0.218*** （0.010）	0.149*** （0.009）	0.133*** （0.009）
省份效应	未控制	未控制	未控制	已控制	未控制	未控制	未控制	已控制
行业效应	未控制	未控制	已控制	已控制	未控制	未控制	已控制	已控制
年度效应	未控制	已控制	已控制	已控制	未控制	已控制	已控制	已控制
常数项	4.285*** （0.039）	4.273*** （0.042）	4.045*** （0.060）	4.382*** （0.064）	3.951*** （0.039）	3.944*** （0.041）	3.621*** （0.057）	3.972*** （0.062）
观测值数量	28655	28655	28655	28655	28655	28655	28655	28655
R^2	0.464	0.490	0.606	0.620	0.626	0.642	0.734	0.743

表 6-17　工具变量对全要素生产率的影响（二）

变量	模型（1）tfp_ols	模型（2）tfp_ols	模型（3）tfp_ols	模型（4）tfp_ols	模型（5）tfp_fe	模型（6）tfp_fe	模型（7）tfp_fe	模型（8）tfp_fe
lndist × digit	−0.015*** （0.002）	−0.015*** （0.002）	−0.013*** （0.002）	−0.018*** （0.002）	−0.015*** （0.002）	−0.015*** （0.002）	−0.013*** （0.002）	−0.018*** （0.002）
lnemployee	0.572*** （0.005）	0.557*** （0.005）	0.621*** （0.005）	0.622*** （0.005）	0.630*** （0.005）	0.614*** （0.005）	0.678*** （0.005）	0.679*** （0.005）
estage	0.019*** （0.001）	0.006*** （0.001）	−0.002*** （0.001）	−0.001 （0.001）	0.019*** （0.001）	0.006*** （0.001）	−0.003*** （0.001）	−0.001 （0.001）
Lev	1.439*** （0.032）	1.532*** （0.031）	0.950*** （0.030）	0.975*** （0.030）	1.455*** （0.032）	1.548*** （0.031）	0.969*** （0.031）	0.994*** （0.030）
Ato	0.828*** （0.013）	0.845*** （0.012）	0.853*** （0.013）	0.845*** （0.013）	0.817*** （0.013）	0.834*** （0.013）	0.837*** （0.014）	0.830*** （0.014）
Top5	0.645*** （0.029）	0.590*** （0.029）	0.336*** （0.027）	0.285*** （0.027）	0.659*** （0.030）	0.603*** （0.029）	0.342*** （0.027）	0.290*** （0.027）
Roa	1.808*** （0.084）	1.977*** （0.081）	1.605*** （0.073）	1.555*** （0.073）	1.814*** （0.084）	1.985*** （0.082）	1.612*** （0.074）	1.560*** （0.074）
SOE	0.254*** （0.010）	0.320*** （0.010）	0.207*** （0.010）	0.189*** （0.009）	0.266*** （0.010）	0.333*** （0.010）	0.214*** （0.010）	0.196*** （0.010）
省份效应	未控制	未控制	未控制	已控制	未控制	未控制	未控制	已控制
行业效应	未控制	未控制	已控制	已控制	未控制	未控制	已控制	已控制
年度效应	未控制	已控制	已控制	已控制	未控制	已控制	已控制	已控制
常数项	4.651*** （0.041）	4.633*** （0.043）	4.500*** （0.065）	4.822*** （0.069）	4.739*** （0.041）	4.720*** （0.044）	4.611*** （0.066）	4.929*** （0.070）
观测值数量	28655	28655	28655	28655	28655	28655	28655	28655
R^2	0.717	0.731	0.787	0.794	0.735	0.748	0.799	0.806

三、二阶段最小二乘法（2SLS）

以 L.dgt_idx 和 lndist × digit 为工具变量运用二阶段最小二乘法，表 6-18 和表 6-19 的回归结果显示数字化转型指数对全要素生产率有显著的积极影响。

表 6–18　数字化转型对全要素生产率的影响（2SLS 之一）

变量	模型（1）tfp_op	模型（2）tfp_op	模型（3）tfp_op	模型（4）tfp_op	模型（5）tfp_lp	模型（6）tfp_lp	模型（7）tfp_lp	模型（8）tfp_lp
dgt_idx	0.008^{***}（0.000）	0.005^{***}（0.000）	0.013^{***}（0.001）	0.012^{***}（0.001）	0.012^{***}（0.000）	0.009^{***}（0.000）	0.014^{***}（0.001）	0.013^{***}（0.001）
lnemployee	0.064^{***}（0.005）	0.059^{***}（0.005）	0.117^{***}（0.004）	0.120^{***}（0.004）	0.328^{***}（0.005）	0.324^{***}（0.005）	0.391^{***}（0.004）	0.393^{***}（0.004）
estage	0.017^{***}（0.001）	0.006^{***}（0.001）	-0.002^{***}（0.001）	−0.000（0.001）	0.017^{***}（0.001）	0.007^{***}（0.001）	-0.001^{*}（0.001）	0.000（0.001）
Lev	1.481^{***}（0.031）	1.523^{***}（0.030）	0.909^{***}（0.028）	0.932^{***}（0.028）	1.442^{***}（0.031）	1.480^{***}（0.030）	0.838^{***}（0.028）	0.863^{***}（0.027）
Ato	0.909^{***}（0.013）	0.914^{***}（0.012）	0.934^{***}（0.013）	0.928^{***}（0.013）	0.959^{***}（0.013）	0.963^{***}（0.012）	0.998^{***}（0.013）	0.991^{***}（0.013）
Top5	0.639^{***}（0.029）	0.576^{***}（0.029）	0.379^{***}（0.026）	0.331^{***}（0.026）	0.612^{***}（0.029）	0.553^{***}（0.029）	0.353^{***}（0.026）	0.306^{***}（0.026）
Roa	1.927^{***}（0.082）	2.001^{***}（0.080）	1.619^{***}（0.071）	1.561^{***}（0.070）	1.930^{***}（0.084）	1.997^{***}（0.082）	1.597^{***}（0.071）	1.547^{***}（0.070）
SOE	0.223^{***}（0.010）	0.264^{***}（0.010）	0.173^{***}（0.009）	0.159^{***}（0.009）	0.187^{***}（0.010）	0.223^{***}（0.010）	0.147^{***}（0.009）	0.133^{***}（0.009）
省份效应	未控制	未控制	未控制	已控制	未控制	未控制	未控制	已控制
行业效应	未控制	未控制	已控制	已控制	未控制	未控制	已控制	已控制
年度效应	未控制	已控制	已控制	已控制	未控制	已控制	已控制	已控制
常数项	3.914^{***}（0.038）	4.404^{***}（0.040）	4.151^{***}（0.059）	4.405^{***}（0.062）	3.475^{***}（0.038）	3.919^{***}（0.040）	3.697^{***}（0.056）	3.951^{***}（0.060）
观测值数量	28128	28128	28128	28128	28128	28128	28128	28128
R^2	0.476	0.496	0.620	0.633	0.638	0.650	0.745	0.752

表 6–19　数字化转型对全要素生产率的影响（2SLS 之二）

变量	模型（1）tfp_ols	模型（2）tfp_ols	模型（3）tfp_ols	模型（4）tfp_ols	模型（5）tfp_fe	模型（6）tfp_fe	模型（7）tfp_fe	模型（8）tfp_fe
dgt_idx	0.005^{***}（0.000）	0.002^{***}（0.000）	0.013^{***}（0.001）	0.012^{***}（0.001）	0.004^{***}（0.000）	0.001^{**}（0.000）	0.013^{***}（0.001）	0.012^{***}（0.001）

续表

变量	模型（1） tfp_ols	模型（2） tfp_ols	模型（3） tfp_ols	模型（4） tfp_ols	模型（5） tfp_fe	模型（6） tfp_fe	模型（7） tfp_fe	模型（8） tfp_fe
lnemployee	0.561*** （0.005）	0.556*** （0.005）	0.604*** （0.005）	0.607*** （0.005）	0.621*** （0.005）	0.616*** （0.005）	0.661*** （0.005）	0.664*** （0.005）
estage	0.017*** （0.001）	0.006*** （0.001）	−0.002*** （0.001）	−0.001 （0.001）	0.017*** （0.001）	0.006*** （0.001）	−0.002*** （0.001）	−0.001 （0.001）
Lev	1.521*** （0.031）	1.567*** （0.031）	0.982*** （0.030）	1.004*** （0.030）	1.530*** （0.031）	1.578*** （0.031）	1.000*** （0.030）	1.022*** （0.030）
Ato	0.859*** （0.013）	0.865*** （0.013）	0.869*** （0.014）	0.863*** （0.014）	0.847*** （0.013）	0.853*** （0.013）	0.853*** （0.014）	0.847*** （0.014）
Top5	0.663*** （0.031）	0.594*** （0.030）	0.401*** （0.028）	0.353*** （0.027）	0.669*** （0.031）	0.599*** （0.030）	0.407*** （0.028）	0.359*** （0.028）
Roa	1.926*** （0.083）	2.008*** （0.081）	1.645*** （0.073）	1.579*** （0.073）	1.926*** （0.084）	2.010*** （0.082）	1.651*** （0.074）	1.583*** （0.073）
SOE	0.261*** （0.010）	0.306*** （0.010）	0.200*** （0.010）	0.186*** （0.010）	0.270*** （0.010）	0.316*** （0.010）	0.207*** （0.010）	0.192*** （0.010）
省份效应	未控制	未控制	未控制	已控制	未控制	未控制	未控制	已控制
行业效应	未控制	未控制	已控制	已控制	未控制	未控制	已控制	已控制
年度效应	未控制	已控制	已控制	已控制	未控制	已控制	已控制	已控制
常数项	4.385*** （0.039）	4.921*** （0.041）	4.635*** （0.063）	4.888*** （0.067）	4.500*** （0.040）	5.047*** （0.041）	4.753*** （0.065）	5.006*** （0.068）
观测值数量	28128	28128	28128	28128	28128	28128	28128	28128
R^2	0.723	0.734	0.794	0.801	0.740	0.751	0.806	0.813

四、倾向得分匹配法与加权最小二乘法（WLS）

以虚拟变量 digit 区分进行数字化转型和未进行数字化转型的上市公司，词频 wf 为 0 时取值为 0、wf 不为 0 时取值为 1，构建 Logit 模型计算倾向得分，表 6-20 的结果显示全要素生产率（以 tfp_op 衡量）对企业是否进行数字化转型具有积极影响，全要素生产率越高的企业实施数字化转型的概率越大。

以倾向得分的倒数（1/ps）作为权重进行加权最小二乘法回归以减少内生性

的影响，表 6-21 和表 6-22 中的回归结果与表 6-2 和表 6-3 的基本回归结果相差较小，说明本章基本结论是稳健的。

表 6-20 Logit 模型回归结果

变量	digit			
	系数估计值	稳健标准误	P > |z|	95% 置信区间
tfp_op	0.311***	0.019	0.000	0.2748 0.34808
lnemployee	0.230***	0.011	0.000	0.2073 0.2518
estage	0.035***	0.002	0.000	0.0310 0.0400
Lev	−1.208***	0.074	0.000	−1.3528 −1.0625
Ato	−0.199***	0.035	0.000	−0.2663 −0.1308
Top5	−0.239***	0.085	0.005	−0.4054 −0.0723
Roa	−1.263***	0.199	0.000	−1.6533 −0.8720
SOE	−0.630***	0.028	0.000	−0.6841 −0.5750
常数项	−2.954***	0.125	0.000	−3.1978 −2.7092
观测值数量	29970			

表 6-21 数字化转型对全要素生产率的影响（WLS 之一）

变量	模型（1） tfp_op	模型（2） tfp_op	模型（3） tfp_op	模型（4） tfp_op	模型（5） tfp_lp	模型（6） tfp_lp	模型（7） tfp_lp	模型（8） tfp_lp
dgt_idx	0.008*** （0.000）	0.006*** （0.000）	0.012*** （0.000）	0.011*** （0.000）	0.011*** （0.000）	0.009*** （0.000）	0.013*** （0.000）	0.012*** （0.000）
lnemployee	0.088*** （0.006）	0.077*** （0.006）	0.133*** （0.005）	0.135*** （0.005）	0.353*** （0.006）	0.343*** （0.006）	0.407*** （0.005）	0.409*** （0.005）
estage	0.019*** （0.001）	0.006*** （0.001）	−0.003*** （0.001）	−0.002** （0.001）	0.019*** （0.001）	0.007*** （0.001）	−0.002*** （0.001）	−0.001 （0.001）
Lev	1.144*** （0.043）	1.228*** （0.040）	0.686*** （0.035）	0.716*** （0.035）	1.116*** （0.042）	1.192*** （0.039）	0.634*** （0.034）	0.665*** （0.033）
Ato	0.912*** （0.014）	0.926*** （0.014）	0.944*** （0.015）	0.930*** （0.014）	0.961*** （0.014）	0.973*** （0.013）	1.004*** （0.014）	0.990*** （0.014）

续表

变量	模型（1）tfp_op	模型（2）tfp_op	模型（3）tfp_op	模型（4）tfp_op	模型（5）tfp_lp	模型（6）tfp_lp	模型（7）tfp_lp	模型（8）tfp_lp
Top5	0.752*** （0.031）	0.662*** （0.030）	0.434*** （0.027）	0.377*** （0.027）	0.712*** （0.030）	0.631*** （0.030）	0.404*** （0.026）	0.349*** （0.026）
Roa	1.758*** （0.105）	1.907*** （0.100）	1.557*** （0.084）	1.491*** （0.083）	1.796*** （0.101）	1.928*** （0.097）	1.557*** （0.081）	1.499*** （0.080）
SOE	0.201*** （0.010）	0.257*** （0.010）	0.177*** （0.010）	0.171*** （0.010）	0.162*** （0.010）	0.213*** （0.010）	0.149*** （0.009）	0.144*** （0.009）
省份效应	未控制	未控制	未控制	已控制	未控制	未控制	未控制	已控制
行业效应	未控制	未控制	已控制	已控制	未控制	未控制	已控制	已控制
年度效应	未控制	已控制	已控制	已控制	未控制	已控制	已控制	已控制
常数项	3.698*** （0.042）	3.799*** （0.046）	3.571*** （0.057）	3.863*** （0.062）	3.270*** （0.041）	3.364*** （0.045）	3.157*** （0.054）	3.448*** （0.058）
观测值数量	29970	29970	29970	29970	29970	29970	29970	29970
R^2	0.445	0.469	0.600	0.614	0.619	0.633	0.732	0.741

表 6-22　数字化转型对全要素生产率的影响（WLS 之二）

变量	模型（1）tfp_ols	模型（2）tfp_ols	模型（3）tfp_ols	模型（4）tfp_ols	模型（5）tfp_fe	模型（6）tfp_fe	模型（7）tfp_fe	模型（8）tfp_fe
dgt_idx	0.005*** （0.000）	0.002*** （0.000）	0.012*** （0.001）	0.011*** （0.001）	0.005*** （0.000）	0.001*** （0.000）	0.012*** （0.001）	0.011*** （0.001）
lnemployee	0.585*** （0.006）	0.573*** （0.006）	0.619*** （0.006）	0.623*** （0.005）	0.644*** （0.006）	0.632*** （0.006）	0.676*** （0.006）	0.680*** （0.006）
estage	0.020*** （0.001）	0.005*** （0.001）	−0.003*** （0.001）	−0.002*** （0.001）	0.020*** （0.001）	0.005*** （0.001）	−0.004*** （0.001）	−0.002*** （0.001）
Lev	1.172*** （0.045）	1.264*** （0.042）	0.741*** （0.038）	0.769*** （0.037）	1.178*** （0.046）	1.273*** （0.043）	0.754*** （0.039）	0.782*** （0.038）
Ato	0.862*** （0.015）	0.878*** （0.014）	0.883*** （0.015）	0.870*** （0.015）	0.850*** （0.015）	0.866*** （0.014）	0.868*** （0.016）	0.855*** （0.015）
Top5	0.788*** （0.032）	0.689*** （0.032）	0.461*** （0.029）	0.403*** （0.029）	0.797*** （0.033）	0.696*** （0.032）	0.468*** （0.029）	0.409*** （0.029）

续表

变量	模型（1）tfp_ols	模型（2）tfp_ols	模型（3）tfp_ols	模型（4）tfp_ols	模型（5）tfp_fe	模型（6）tfp_fe	模型（7）tfp_fe	模型（8）tfp_fe
Roa	1.721***（0.110）	1.887***（0.105）	1.558***（0.089）	1.485***（0.088）	1.712***（0.112）	1.882***（0.106）	1.559***（0.091）	1.484***（0.089）
SOE	0.240***（0.011）	0.302***（0.011）	0.205***（0.010）	0.199***（0.010）	0.249***（0.011）	0.313***（0.011）	0.212***（0.010）	0.206***（0.010）
省份效应	未控制	未控制	未控制	已控制	未控制	未控制	未控制	已控制
行业效应	未控制	未控制	已控制	已控制	未控制	未控制	已控制	已控制
年度效应	未控制	已控制	已控制	已控制	未控制	已控制	已控制	已控制
常数项	4.156***（0.044）	4.264***（0.048）	4.013***（0.062）	4.304***（0.067）	4.268***（0.045）	4.377***（0.048）	4.121***（0.063）	4.411***（0.068）
观测值数量	29970	29970	29970	29970	29970	29970	29970	29970
R^2	0.702	0.716	0.780	0.788	0.720	0.734	0.793	0.800

第八节　本章小结

本章选取我国 A 股上市公司 2011~2021 年数据考察数字化转型对企业全要素生产率 TFP 的影响，其中，被解释变量 TFP 通过应用 OP、LP、OLS 和 FE 四种不同方法测度得到，数字化转型指数和其他基础数据均源于国泰安数据库。

基本回归结果发现数字化转型水平对于样本企业全要素生产率具有显著的促进作用，作用强度在不同类别子样本中存在明显的差异性。数字化转型对国有企业、大型企业全要素生产率的影响大于对非国有企业和小型企业的影响，对西部地区上市公司全要素生产率的影响高于对中部、东部地区上市公司的影响，对东部地区上市公司的作用强度最弱，数字经济和实体经济的深度融合为我国中西部地区缩小经济发展差距乃至弯道超车创造了契机。数字化转型对高新技术行业企业全要素生产率的促进作用略高于非高新技术行业企业，中介效应检验表明创新产出是数字化转型影响企业全要素生产率的重要作用机制，在总效应中起到了 10%~20% 的部分中介效应。上述研究结论具有一定的稳健性。

第七章　研究结论与对策建议

第一节　研究结论

本章总结本书的核心结论并梳理相应的对策建议。

选取我国 A 股上市公司 2011~2021 年数据，本书分析了数字化转型对企业创新绩效的影响，基本回归结果发现数字化转型水平对于企业创新投入、创新产出和创新效率均有显著的积极影响，利用文本挖掘构造数字化特征词词频替代数字化转型指数没有改变基本研究结论，利用文本挖掘构造数字化特征词词频替代数字化转型指数以及分别运用工具变量和二阶段最小二乘法、倾向得分匹配法和加权最小二乘法缓解内生性问题，夯实了上述研究结论。数字化转型对企业创新绩效的正向影响存在明显的异质性。数字化转型对国有企业和非国有企业创新投入和创新产出的影响差异不大，但在非国有企业中更能体现数字化转型对创新效率的促进作用。在大型企业中，数字化转型对创新投入、创新产出和创新效率的促进作用显著大于小型企业。在非劳动密集型企业中，数字化转型对创新产出和创新效率的积极作用明显大于劳动密集型企业。数字化转型对高新技术行业企业创新效率的促进作用弱于非高新技术行业企业，即数字化转型对企业创新效率的影响呈现倒 U 型的非线性关系，在中等技术密集型的企业中发挥的效果最大，因此数字化转型不能代替关键核心技术前沿领域的原始创新。

采用我国 A 股上市公司 2011~2021 年数据、华证 ESG 评级数据和数字化转型指数，考察了 ESG 表现对企业创新产出和创新效率的影响以及数字化转型在其中发挥的作用。ESG 表现对企业专利申请总数、专利授权总数和既定投入的专利申请数量（创新效率）均有显著的正向影响，数字化转型指数正向调节 ESG 表现对企业创新资源投入力度和使用效率的积极作用，ESG 表现能够缓解企业融资约束进而提升创新绩效，数字化转型指数同样正向调节 ESG 表现对融资约束的缓解作用。利用彭博 ESG 评分代替关键解释变量、运用工具变量和两阶段最小二乘法缓解内生性问题，所得研究结论基本一致。进一步分析发现，ESG 表现对企业创新绩效的积极影响具有多层维度的异质性，在非国有企业、东部地区企业、非高新技术行业企业和低污染行业企业中，ESG 表现对其创新绩效的正向影响更为明显，ESG 表现对企业创新绩效的提升作用可能符合边际效率递减的规律，即在中等技术密集型的企业中发挥的效应最大。

利用同样的数据考察数字化转型对企业全要素生产率 TFP 的影响，其中被解释变量 TFP 通过 OP、LP、OLS 和 FE 四种不同方法测度，基本回归结果发现数字化转型水平对样本企业全要素生产率具有显著的促进作用且作用强度在不同类别子样本中存在明显的差异性。数字化转型对国有企业、大型企业全要素生产率的影响大于对非国有企业和小型企业的影响，对西部地区上市公司全要素生产率的影响高于对中部、东部地区上市公司的影响，对东部地区上市公司的作用强度最弱，数字经济和实体经济的深度融合为我国中西部地区缩小经济发展差距乃至弯道超车创造了契机。数字化转型对高新技术行业企业全要素生产率的促进作用略高于非高新技术行业企业，中介效应检验表明创新产出是数字化转型影响企业全要素生产率的重要作用机制，在总效应中起到了 10%~20% 的部分中介效应。上述研究结论具有一定的稳健性。

第二节　对策建议

党的二十大明确提出，要加快发展数字经济。数字经济战略地位进一步升级，全面贯彻落实中共中央、国务院发展数字经济的重大战略部署符合党的二十大精神。数字经济拥有强大的渗透力和融合力，可以支撑实体经济实现数字化、网络化、智能化的跃升，其推动经济高质量发展的作用日益凸显。我国是产业门类最齐全的制造业大国，拥有体量巨大的服务业场景，因此应重视先进数字技术的研发推广，满足传统产业数字化转型的需要。结合本书研究的结论，数字化转型有利于提升企业创新水平且能提高企业全要素生产率，在上市公司高质量发展领域发挥着重要的作用。为大力发展数字经济、充分发挥数字经济的推动作用、加快产业数字化和数字产业化的进程、促进企业实施数字化转型战略助力上市公司高质量发展并建设有利于发展数字化转型的数字经济环境，本书提出五个方面的政策建议：

第一，坚定不移提升数字产业创新能力。科技创新是中华民族伟大复兴以及高质量发展的必经之路。一是保持战略耐心、强化技术研发，针对关键技术做好中长期布局，持续强化数字技术产业的战略布局，特别是处理好发展与安全、政府与市场、供给与需求、继承与创新的关系。二是围绕数字技术产业发展整体战略部署，发挥好重大项目引领作用，加快形成激励创新的政策框架，加快培育数字创新产业，把握技术创新发展主动权。三是加强关键核心技术攻关，有针对性地开展高端芯片、操作系统、人工智能等关键核心技术的研发。四是注重原始创新与生态培育并加快布局前沿技术，围绕区块链、人工智能、量子通信、神经芯片等前沿技术创新，建设前沿技术研究院和国家重点实验室，推进科研院所、高校、企业科研力量优化配置和资源共享。

第二，坚持全球化战略路径并提升创新能力，加快探索开放条件下新型举国体制，把握 5G 人工智能、未来网络、区块链、量子通信等前沿技术重大机遇。党的二十大报告明确指出应扩大高水平对外开放，数字经济天然具有开源性质和规模经济效应，我国应充分利用全球创新资源，通过吸收外资引入先进技术和研发能力在引进和创新之间形成良性互动，在自主创新、集成创新和消化创新之间形成良性互动。

第三，加强政府引导，推动数字化发展，进一步完善顶层设计并加大产业数字化转型基础设施及相关信息应用平台的建设。一是夯实产业数字化发展的坚实基础，构建多层次工业互联网平台体系，加强大企业对中小企业的数字技术指导和相关人才交流合作，大力培养工业互联网龙头企业和专精特新中小企业，形成工业互联网领域大型企业引领、中小企业广泛参与的健康可持续生态圈，推动工业互联应用走深走实。二是加快先进数字化工厂培育并推动企业积极利用 5G 等技术开展工厂数字化改造，促进新技术、新场景、新模式的广泛应用。三是深化重点行业的拓展，广泛开展行业所属企业的供需对接，加强工业互联网在重点产业链的普及力度，力求以工业互联网的规模化应用促进实体经济高质量发展。在服务业数字化转型方面。四是推动商业模式、服务方式的技术提高和创新水平提升，推动服务业与先进制造业、现代农业深度融合，提升生产性服务业数字化转型水平，推动生活服务业向高质量、多元化发展，加快推进旅游、文化、物业、养老、托幼等服务业数字化。五是增加数字化转型服务供给，促进数字经济与实体经济深度融合，提高金融业对数字经济的服务供给，全面实施数字化转型伙伴行动，积极培育数字化转型服务商和中介机构，加强数字化转型公共服务，推进普惠服务并加快中小企业数字化转型。六是深入推进企业开展数字化智能化改造，引导制造业企业数字化升级和关键环节的数字化改造，全面深化各环节数字化应用，全面推动行业数字化升级。七是面向制造、矿山、能源、物流、医疗等体量较大的重点行业，制定针对不同行业的特色数字化转型路线图并形成可复制推广的行业数字化转型系统解决方案。

第四，全面提升数字化治理效能和水平，探索符合数字经济特征的新型监管模式。一是提升数字化治理水平，完善数字经济治理体系，探索建立与数字经济持续健康发展相适应的治理方式，创新基于新技术手段的针对数字化的监管模式，把监管和治理贯穿数字化转型影响的创新、生产、经营和投资的全过程，完善相应的治理规则。二是不断增强科学决策、危险识别、风险防范的能力并健全治理机制，不断完善多元主体共同参与的治理机制并打造清晰、相融的协同治理格局。三是持续推动数字政府建设并不断夯实数字政府网络安全基础，加强对关键信息、基础设施、重要数据的安全保护并提升全社会网络安全水平。四是推进数字化公共服务，促进数字化服务普惠应用，开放线上教育资源，促进教育均等化，推动电子病历和检验报告跨医院、跨地区共享等应用。我国应推动全国一体化在线政务服务平台并把握行业和社会的线上发展需求，打造主动式、多层次数字化创新服务场景。

第五，提高公司治理质量，为企业数字化转型提供良好的制度基础，并针对数字化转型战略的决策、实施、监督等一系列战略管理步骤建立优化的治理安排，建立有利于公司数字化转型的制度。我国应建立高质量发展与数字化转型的内外部治理机制，充分发挥公司治理对数字化转型的推动作用，强化数字化转型产生的治理效应并提高企业全要素生产率。

第三节　研究展望

本书第二章介绍了熊彼特的创新理论，但未能建立模型详细论述，数字化转型带来的产品升级换代非常重要，摩尔定律刻画了集成电路技术进步的过程、揭示了信息技术进步的速度，相应地建立数字化转型与创造性破坏（Creative Destruction）的理论模型是后续研究的重点。

本书第三章通过两个模型刻画数字化研发投资引导数字化转型并带来数字技术进步，这对应第三章第三节论证的正向技术增长率。上述内容都是对中间产品种类多样性的刻画，属于 Romer（1990）水平创新的范畴，多样化的另一种表达方式是产品多样化，数字技术创新与数字化转型对产品创新与多样化非常重要，多元化的数字化产品能够极大地提高消费者的效用感受，从此角度考察数字化转型对消费者的福利改善是一个重要的研究方向。

根据创新的理论模型构建相应的实证模型研究数字化转型、产品多样化（或产品质量升级）与创新值得进一步深入研究。创新过程必然导致低效企业逐步退出、高效率企业占领市场或开拓新的市场，这是产业转型升级的必经之路，因此结合数字化转型的过程探讨产业层面企业的进入或退出对建立我国的现代化产业体系非常重要。

实证研究的具体实施方面，在掌握不同关键指标优劣的基础上利用文本挖掘、大数据分析等现代技术手段并寻找新的数据来源，构建更精准、更新颖的数字化转型指标和企业创新绩效指标，针对数字化转型的不同行业、不同阶段探讨更丰富的作用机理并更好地处理稳健性和内生性问题，是后续研究的一个重要深化方向。

宏观层面的技术进步源于企业或研究机构的研发投入，我国数字经济已形成巨大规模，数字化企业层出不穷，数字技术创新（一般用专利数量与质量刻画）使独角兽企业具备巨大的市值和融资能力并拥有更多的能力投入创新与研发，所以，在企业层面研究数字技术如何作用于企业估值也具有一定意义。

参考文献

[1] Abernathy W J, Utterback J M. Patterns of industrial innovation [J]. Technology Review, 1978, 80 (7): 40–47.

[2] Abowd J M, Schmutte I M. An economic analysis of privacy protection and statistical accuracy as social choices [J]. American Economic Review, 2019, 109 (1): 171–202.

[3] Acemoglu D, Autor D. What does human capital do? A review of Goldin and Katz's the race between education and technology [J]. Journal of Economic Literature, 2012, 50 (2): 426–463.

[4] Acemoglu D, et al. Too much data: Prices and inefficiencies in data markets [J]. American Economic Journal: Microeconomics, 2022, 14 (4): 218–256.

[5] Acemoglu D, Restrepo P. Automation and new tasks: How technology displaces and reinstates labor [J]. Journal of Economic Perspectives, 2019, 33 (2): 3–30.

[6] Acemoglu D, Restrepo P. The race between man and machine: Implications of technology for growth, factor shares, and employment [J]. American Economic Review, 2018, 108 (6): 1488–1542.

[7] Acemoglu D. Introduction to modern economic growth [M]. Princeton: Princeton University Press, 2009: 411–529.

[8] Acquisti A, Taylor C, Wagman L. The economics of privacy [J]. Journal of Economic Literature, 2016, 54 (2): 442–492.

[9] Adams J D. Transforming work [M]. Miles Review Press, 1984: 23–24.

[10] Aerts K, Czarnitzki D. Using innovation survey data to evaluate R&D policy: The case of Belgium [J]. Social Science Electronic Publishing, 2004: 1–21.

[11] Aghion P, Blundell R, Griffith R, Howitt P, Prantl S. The effects of entry on

incumbent innovation and productivity [J] . Review of Economics and Statistics, 2009, 91 (1): 20–32.

[12] Aghion P, Howitt P. A model of growth through creative destruction [J] . Econometrica, 1992, 60 (2): 323–351.

[13] Agrawal A, Gans J S, Goldfarb A. Artificial intelligence: The ambiguous labor market impact of automating prediction [J] . Journal of Economic Perspectives , 2019, 33 (2): 31–50.

[14] Agrawal A, Goldfarb A. Restructuring research: Communication costs and the democratization of university innovation [J] . American Economic Review, 2008, 98 (4): 1578–1590.

[15] Akcigit U, Liu Q. The role of information in innovation and competition [J] . Journal of the European Economic Association, 2016, 14 (4): 828–870.

[16] Akerman A, Gaarder I, Mogstad M. The skill complementarity of broadband internet [J] . The Quarterly Journal of Economics, 2015, 130 (4): 1781–1824.

[17] Alaveras G, Martens B. International trade in online services [J] . Available at SSRN 2670614, 2015: 1–45.

[18] Ali S N, Chen–Zion A, Lillethun E. Reselling information [J] . arXiv Preprint arXiv, 2004 (1): 1788–2020.

[19] Almus M, Czarnitzki D. The effects of public R&D subsidies on firms' innovation activities [J] . Journal of Business & Economic Statistics, 2003, 21 (2): 226–236.

[20] Arrieta–Ibarra I, Goff L, Jiménez–Hernandéz D, Lanier J, Weyl E G. Should we treat data as labor? Moving beyond "Free" [J] . AEA Papers and Proceedings, 2018 (108): 38–42.

[21] Arrow, Kenneth J. Uncertainty and the welfare economics of medical care [J] . The American Economic Review, 1963, 53 (5): 941–973.

[22] Ashurst C, Doherty N F, Peppard J. Improving the impact of IT development projects: The benefits realization capability model [J] . Eur J Inf Syst, 2008, 17 (4): 352–370.

[23] Atanasova C V, Wilson N. Disequilibrium in the UK corporate loan market [J] . Journal of Banking & Finance, 2004, 28 (3): 595–614.

[24] Athey S, Sterns. The impact of information technology on emergency health

care outcomes [J]. Nber Working Paper, 2000 (9): 399–432.

[25] Autor D H. Why do temporary help firms provide free general skills training? [J]. The Quarterly Journal of Economics, 2001, 116 (4): 1409–1448.

[26] Bajari P, et al. Hedonic prices and quality adjusted price indices powered by AI [J]. arXiv Preprint arXiv: 2305.00044, 2023 (1): 1–31.

[27] Baker G P, Hubbard T N. Contractibility and asset ownership: On–board computers and governance in US trucking [J]. The Quarterly Journal of Economics, 2004, 119 (4): 1443–1479.

[28] Basu S, Fernald J G, Shapiro M D. Productivity growth in the 1990s: Technology, utilization, or adjustment? [J]. Carnegie–Rochester Conference Series on Public Policy. North–Holland, 2001 (55): 117–165.

[29] Baumol W J. Business behavior, value and growth [M]. New York: Macmillan, 1959.

[30] Bednar M K. Watchdog or Lapdog? A behavioral view of the media as a corporate governance mechanism [J]. Academy of Management Journal, 2012, 55 (1): 131–150.

[31] Begenau J, Farboodi M, Veldkamp L. Big data in finance and the growth of large firms [J]. Journal of Monetary Economics, 2018 (97): 71–87.

[32] Belloc F. Corporate governance and innovation: A survey [J]. Journal of Economic Surveys, 2012, 26 (5): 835–864.

[33] Belo R, Ferreira P, Telang R. Broadband in school: Impact on student performance [J]. Management Science, 2014, 60 (2): 265–282.

[34] Bergemann D, Bonatti A. Markets for information: An introduction [J]. Annual Review of Economics, 2019 (11): 85–107.

[35] Berle A A. For whom corporate managers are trustees: A note [J]. Harvard Law Review, 1932, 45 (8): 1365–1372.

[36] Bernini C, Pellegrini G. How are growth and productivity in private firms affected by public subsidy? Evidence from a regional policy [J]. Regional Science & Urban Economics, 2011, 41 (3): 253–265.

[37] Bharadwaj A, Sawy O A, Pavlou P A, Venkatraman N. Digital business strategy: Toward a next generation of insights [J]. MIS Quarterly, 2013, 37 (2): 471–482.

[38] Bhuller, Manudeep, et al. Broadband internet: An information superhighway to sex crime? [J]. Review of Economic Studies, 2013, 80(4): 1237–1266.

[39] Bloom N, Sadun R, Reenen J V. Americans do IT better: US multinationals and the productivity miracle[J]. American Economic Review, 2012, 102(1): 167–201.

[40] Blum B S, Goldfarb A. Does the internet defy the law of gravity? [J]. Journal of International Economics, 2006, 70(2): 384–405.

[41] Blumenthal B, Haspeslagh P. Toward a definition of corporate transformation [J]. Sloan Management Review, 1994, 35(3): 101–106.

[42] Bo C. Industrial subsidies in Sweden: Macro–economic effects and an international comparison[J]. Journal of Industrial Economics, 1982, 32(32): 1–23.

[43] Boole G. An Investigation of the laws of thought, on which are founded the mathematical theories of logic and probabilities[J]. Journal of Symbolic Logic , 1951, 16(8): 224–225.

[44] Borenstein S, Saloner G. Economics and electronic commerce[J]. Journal of Economic Perspectives, 2001, 15(1): 3–12.

[45] Bresnahan T F, Brynjolfsson E, Hitt L M. Information technology, workplace organization, and the demand for skilled labor: Firm–level evidence[J]. The Quarterly Journal of Economics, 2002, 117(1): 339–376.

[46] Bresnahan T, Greenstein S, Brownstone D, et al. Technical progress and co–invention in computing and in the uses of computers[J]. Brookings Papers on Economic Activity. Microeconomics, 1996(1): 1–83.

[47] Brown P B. Independent auditor judgment in the evaluation of internal audit Functions[J]. Journal of Accounting Research, 1983(21): 444–455.

[48] Brynjolfsson E, Collis A, Eggers F. Using massive online choice experiments to measure changes in well–being[J]. Proceedings of the National Academy of Sciences, 2019, 116(15): 7250–7255.

[49] Brynjolfsson E, Collis A. How should we measure the digital economy[J]. Harvard Business Review, 2019, 97(6): 140–148.

[50] Brynjolfsson E, Hitt L M. Computing productivity: Firm–level evidence[J]. Review of Economics and Statistics, 2003, 85(4): 793–808.

[51] Brynjolfsson E, McElheran K. The rapid adoption of data–driven decision–making[J]. American Economic Review, 2016, 106(5): 133–139.

[52] Brynjolfsson E, Oh J. The attention economy: Measuring the value of free digital services on the internet [J] . International Conference on Information Systems, ICIS, 2012 (4): 3243–3261.

[53] Brynjolfsson E, Rock D, Syverson C. The productivity j–curve: How intangibles complement general purpose technologies [J]. American Economic Journal: Macroeconomics, 2021, 13 (1): 333–372.

[54] Brynjolfsson E, Saunders A. Wired for innovation. How Information technology in reshaping the economy [M]. Massachusetts Institute of Technology. USA, 2010: 77–90.

[55] Brynjolfsson E, Saunders A. Wired for innovation: How information technology is reshaping the economy [M]. The MIT Press, 2010.

[56] Cameron K S. Effectiveness as paradox: Consensus and conflict in conceptions of organizational effectiveness [J]. Management Science, 1986, 32 (5): 539–553.

[57] Candelo, Elena. Innovation and digital transformation in the automotive industry [M]. Berlin: Springer International, 2018: 155–173.

[58] Cardona D, Polanski A. Voting rules and efficiency in one–dimensional bargaining games with endogenous protocol [J]. Social Choice and Welfare, 2013, 41 (2): 217–240.

[59] Cardona M, T Kretschmer T, Strobel T. ICT and productivity: Conclusions from the empirical literature [J]. Information Economics and Policy, 2013, 25 (3): 109–125.

[60] Carriere–Swallow M Y, Haksar M V. The economics and implications of data: An integrated perspective [J]. International Monetary Fund, 2019 (1): 27–38.

[61] Chan J, Ghose A, Seamans R. The internet and racial hate crime [J]. MIS Quarterly, 2016, 40 (2): 381–404.

[62] Chen N, Sun D, Chen J. Digital transformation, labor share, and industrial heterogeneity [J]. Journal of Innovation and Knowledge, 2022, 7 (2): 100–173.

[63] Chidambaran. CEO–director connections and corporate fraud [J]. Fordham University Schools of Business Research, 2010 (9): 9–11.

[64] Ciarli T, Kenney M, Massini S, Piscitello L. Digital Technologies, innovation, and skills: Emerging trajectories and challenges [J]. Research Policy, 2021, 50 (7): 104–289.

[65] Clausen T H. Do subsidies have positive impacts on R&D and innovation activities at the firm level? [J]. Structural Change & Economic Dynamics, 2009, 20 (4): 239–253.

[66] Coase R H. The nature of the firm (1937) [M]. Willianson, OE; Winter, SG, 1993.

[67] Coase. Continuous auctions and insider trading [J] . Econometrica, 1985, 53 (6).

[68] Cochran P. The toronto conference: Reflections on stakeholder theory [J] . Business and Society, 1994, 33 (1): 95–99.

[69] Cohen P, et al. Using big data to estimate consumer surplus: The case of uber [J]. National Bureau of Economic Research, 2016 (1): 1–43.

[70] Cong L W, Wei W, Xie D, Zhang L. Endogenous growth under multiple uses of data [J]. Journal of Economic Dynamics and Control, 2022, 141 (8): 3–20.

[71] Cong L W, Xie D, Zhang L. Knowledge accumulation, privacy, and growth in a data economy [J]. Manage Sci, 2021, 67 (10): 6480–6492.

[72] Corrado C A, Hulten C R. How do you measure a "technological revolution"? [J]. American Economic Review, 2010, 100 (2): 99–104.

[73] Corrado C, Hulten C, Sichel D. Intangible capital and US economic growth [J]. Review of Income and Wealth, 2009, 55 (3): 661–685.

[74] Czarnitzki D, Fier A. Do innovation subsidies crowd out private investment? Evidence from the german service sector [J] . Zew Discussion Papers, 2017, 48 (2–4): 259–275.

[75] Dahlman C, Mealy S, Wermelinger M. Harnessing the digital economy for developing countries [Z]. OECD Development Centre Working Papers, 2016: 334.

[76] Dai L, Parwada J T, Zhang B. The governance effect of the media's news dissemination role: Evidence from insider trading [J] . Journal of Accounting Research, 2015, 53 (2): 331–366.

[77] Dhaliwal D, Naiker V, Navissi F. The association between accruals quality and the characteristics of accounting expertsand mix of expertise on audit committee [J] . Contemporary Accounting Research, 2010, 27 (3): 787–827.

[78] Dijk. Digital divide research: Achievements and shortcomings [J] . Poetics, 2006, 34 (4–5): 221–235.

[79] Djankov, Simeon, Caralee McLiesh, Andrei Shleifer. Private credit in 129 countries[J]. Journal of Financial Economics, 2007, 84(2): 299–329.

[80] Draca M, Sadun R, Van Reenen J. Productivity and ICTs: A review of the evidence[J]. LSE Research Online Documents on Economics, 2006(8): 100–147.

[81] Dranove D, et al. The trillion dollar conundrum: Complementarities and health information technology[J]. American Economic Journal: Economic Policy, 2014, 6(4): 239–270.

[82] Dranove, David.Competition in health care markets[J]. Health Affairs, 2014, 33(8): 1490–1490.

[83] Earley S. The digital transformation: Staying competitive[J]. It Professional, 2014, 16(2): 58–60.

[84] Eckaus R S. China's exports, subsidies to state–owned enterprises and the WTO[J]. SSRN Electronic Journal , 2006, 17(1): 1–13.

[85] Eichengreen B, Lafarguette R, Mehl A. Cables, sharks and servers: Technology and the geography of the foreign exchange market[J]. National Bureau of Economic Research, 2016(1): 1–72.

[86] Fajgelbaum P D, Schaal E, Taschereau–Dumouchel M. Uncertainty traps[J]. The Quarterly Journal of Economics, 2017, 132(4): 1641–1692.

[87] Falck O, Gold R, Heblich S. E–lections: Voting behavior and the internet[J]. American Economic Review, 2014, 104(7): 2238–2265.

[88] Fang L, Peress J. Media coverage and the cross–section of stock returns[J]. The Journal of Finance, 2009, 64(5): 2023–2052.

[89] Farboodi M, Mihet R, Philippon T, et al. Big data and firm dynamics[C]. AEA Papers and Proceedings. American Economic Association, 2019: 38–42.

[90] Farboodi M, Veldkamp L. Long–run growth of financial data technology[J]. American Economic Review, 2020, 110(8): 2485–2523.

[91] Forman C, Goldfarb A, Greenstein S. How did location affect adoption of the commercial Internet? Global village vs urban leadership[J]. Journal of Urban Economics , 2005, 58(3): 389–420.

[92] Forman C, Goldfarb A, Greenstein S. The internet and local wages: A puzzle[J]. American Economic Review , 2012, 102(1): 556–575.

[93] Forman C, Goldfarb A, Greenstein S. Understanding the inputs into

innovation: Do cities substitute for internal firm resources? [J]. Journal of Economics & Management Strategy , 2008, 17 (2): 295–316.

[94] Frank M, Goyal V. Testing the pecking order theory of capital structure [J]. Journal of Financial Economics, 2007 (67): 217–248.

[95] Freeman R N, Ohlson J A, Penman S H. Book rate–of–return and prediction of earnings changes: An empirical investigation [J]. Journal of Accounting Research, 1982 (1): 639–653.

[96] Freund C L, Weinhold D. The effect of the Internet on international trade [J]. Journal of International Economics, 2004, 62 (1): 171–189.

[97] Furman D, et al. Chronic inflammation in the etiology of disease across the life span [J]. Nature Medicine, 2019, 25 (12): 1822–1832.

[98] Gannamaneni, Avinash. Using massive online choice experiments to measure changes in well–being [J]. Diss. Massachusetts Institute of Technology, 2017, 116 (50): 7250–7255.

[99] Garicano L, Lastra R M. Towards a new architecture for financial stability: Seven principles [J]. Journal of International Economic Law, 2010, 13 (3): 597–621.

[100] Gartner, Gartner IT glossary: Digitalization [J/EOL]. http://www.gartner.com/it glossary/digitalization/. 2016 (5): 2

[101] Gaspar J, Glaeser E L. Information technology and the future of cities [J]. Journal of Urban Economics, 1998, 43 (1): 136–156.

[102] Gatto M D, Liberto A D, Petraglia C. Measuring productivity [D]. Working Paper CRENoS, Centre for North South Economic Research, University of Cagliari and Sassari, Sardinia, 2008.

[103] George A Akerlof. The market of lemons: Quality uncertainty and the market mechanism [J]. Quarterly Journal of Economics, 1970 (84): 488–500.

[104] Gereffi G. International trade and industrial upgrading in the apparel commodity chains [J]. Journal of International Economics, 1999, 48 (1): 37–70.

[105] Goldfarb A, Prince J. Internet adoption and usage patterns are different: Implications for the digital divide [J]. Information Economics and Policy, 2008, 20 (1): 2–15.

[106] Goldfarb A, Trefler D. AI and international trade [J]. National Bureau of Economic Research, 2018 (1): 6–7.

[107] Goldfarb A, Tucker C. Digital economics [J]. Journal of Economic Literature, 2019, 57(1): 3–43.

[108] Goldfarb A, Tucker C. Online display advertising: Targeting and obtrusiveness [J]. Marketing Science, 2011, 30(3): 389–404.

[109] Gomez–Herrera E, Martens B, Turlea G. The drivers and impediments for cross–border e–commerce in the EU [J]. Information Economics and Policy, 2014 (28): 83–96.

[110] Goolsbee A, Klenow P J. Valuing consumer products by the time spent using them: An application to the Internet [J]. American Economic Review, 2006, 96 (2): 108–113.

[111] Greenstein S, McDevitt R C. The broadband bonus: Estimating broadband Internet's economic value [J]. Telecommunications Policy, 2011, 35(7): 617–632.

[112] Gurbaxani V, Dunkle D. Gearing up for successful digital transformation [J]. MIS Quarterly Executive, 2019, 18(3): 209–220.

[113] Hackbarth D. Determinants of corporate borrowing: A behavioral perspective [J]. Journal of Corporate Finance, 2015, 15: 389–411.

[114] Haltiwanger J, Jarmin R S. Measuring the digital economy [J]. Understanding the Digital Economy: Data, Tools and Research, 2000(1): 13–33.

[115] Hanelt A, Firk S, Hildebrandt B, Kolbe L M. Digital M&A, digital innovation, and firm performance: An empirical investigation [J]. European Journal of Information Systems, 2021, 30(1): 3–26.

[116] Harold Demsetz. Toward a theory of property rights [J]. The American Economic Review, 1967(2).

[117] Hau Y S, et al. Attitudes toward blockchain technology in managing medical information: Survey study [J]. Journal of Medical Internet Research, 2019, 21 (12): 15870: 1–12.

[118] Hess T, Matt C, Benlian A, et al. Options for formulating a digital transformation strategy [J]. Publications of Darmstadt Technical University, Institute for Business Studies (BWL), 2016, 15(2): 103–119.

[119] Houston J F, Shan S Y. Corporate ESG profiles and banking relationships [J]. Review of Finance, 2022(7): 3373–3417.

[120] Hughes–Cromwick E, Coronado J. The value of US government data to US

business decisions [J]. Journal of Economic Perspectives, 2019, 33 (1): 131–146.

[121] Humphrey Schmitz H. Governance in global value chains [J]. IDS Bulletin, 2011 (2): 19229.

[122] Hyashi Am. Thriving in a big data word [J]. Mit Sloan Management Review, 2015 (2): 35–39.

[123] Jaffe A. Building program evaluation into the design of public research support programs [J]. Oxford Review of Economic Policy , 2000, 18 (1): 22–34.

[124] James C, Van Horne. Sustainable growth modeling [J]. Journal of Corporate Finance, 1988 (5): 19–25.

[125] Jansson J, Andervin M. Leading digital transformation [M]. Lisbon: Dig Journey Publishing, 2018: 1–192.

[126] Jappelli, Tullio, Marco Pagano. Information sharing, lending and defaults: Cross–country evidence [J]. Journal of Banking & Finance, 2002, 26 (10): 2017–2045.

[127] Jenkins J C, Leicht K T, Jaynes A. Do high technology policies work? high technology industry employment growth in U.S. metropolitan areas, 1988–1998 [J]. Social Forces, 2006, 85 (1): 267–296.

[128] Jensen M C. The modem industrial revolution, exit and the failure of internal control systems [J]. Journal of Finance, 1993, 48: 831–880.

[129] Jensen, Meckling. Theory of firm: Managerial behavior, agency costs and ownership structure [J]. Journal of Financial Economics, 1976 (3): 305–360.

[130] Jin W, McElheran K. Economies before scale: Survival and performance of young plants in the age of cloud computing [J]. Rotman School of Management Working Paper, 2017 (1): 10–13.

[131] Johnson W. Freeman and philanthropy: An interview with Milton Friedman [J]. Business and Society Review, 1989 (11).

[132] Jones C I, Tonetti C. Nonrivalry and the economics of data [J]. American Economic Review, 2020, 110 (9): 2819–2858.

[133] Jorgenson D W, Ho M S, Stiroh K J. A retrospective look at the US productivity growth resurgence [J]. Journal of Economic Perspectives, 2008, 22 (1): 3–24.

[134] Kai A, Uhlig J. Das agile unternehmen: Wie organisationen sich neu erfinden mit vielen beispielen aus der praxis bekannter topmanager [J]. Campus Verlag, 2015

(1): 101–109.

[135] Kane G C, Palmer D, Phillips A N, et al. Strategy, not technology, drives digital transformation [J]. MIT Sloan Management Review, 2015 (14): 1–25.

[136] Kashyap A K, Wetherilt A. Some principles for regulating cyber risk [C] // AEA Papers and Proceedings. American Economic Association, 2019 (109): 482–487.

[137] Kirsi K. Prosumer centric digital energy ecosystem framework [C]. Biarritz: MEDES, 2016: 1–47.

[138] Klette T J, Men J, Griliches Z. Do subsidies to commercial R&D reduce market failures? Microeconometric evaluation studies [J]. Research Policy, 1999, 29 (4): 471–495.

[139] Kohli R, Melville N P. Digital innovation: A review and synthesis [J]. Information Systems Journal, 2019, 29 (1): 200–223.

[140] Kolko J. Broadband and local growth [J]. Journal of Urban Economics, 2012, 71 (1): 100–113.

[141] La Porta. Investor Protection and Corporate Valuation [J]. Journal of Finance, 2002 (3): 1147–1169.

[142] Lambrecht A, Tucker C E. Can big data protect a firm from competition? [J]. Available at SSRN 2705530, 2015: 3–7.

[143] Lang M H, Lins K V, Miller D P. Concentrated control, analyst following, and valuation: Do analysts matter most when investors are protected least? [J]. Journal of Accounting Research, 2004 (42): 589–623.

[144] Lendle A, et al. There goes gravity: eBay and the death of distance [J]. The Economic Journal, 2016, 126 (591): 406–441.

[145] Levy A, Merr U. Organizational transformation: Approaches strategies theories [M]. New York: Praeger Publishers, 1986: 188–189.

[146] Li L, Su F, Zhang W, et al. Digital transformation by SME entrepreneurs: A capability perspective [J]. Information Systems Journal, 2018, 28 (6): 1129–1157.

[147] Lins K, Servaes H, Tamayo A. Social capital, trust and firm performance: The value of corporate social responsibility during the financial crisis [J]. The Journal of Finance, 2017 (4): 1785–1824.

[148] Liu Y, Dong J, Mei L, Shen R. Digital innovation and performance of manufacturing firms: An affordance perspective [J]. Technovation, 2023 (119): 1–15.

[149] Lusardi A, Mitchell O S, Curto V. Financial literacy among the young [J]. Journal of Consumer Affairs, 2010, 44 (2): 358–380.

[150] M E A, David M, Luis J O M , et al. The A/B testing problem with gaussian priors [J]. Journal of Economic Theory, 2023 (1): 210.

[151] Malmendier U, Tate G, Yan J. Overconfidence and early-life experiences: The effect of managerial traits on corporate financial policies [J] . The Journal of Finance, 2011 (5): 1687–1773.

[152] Manyika J, Pinkus G, Ramaswamy S. The Most Digital Companies are Leaving All the Rest Behind [EB/OL]. Harvard Business Review, 2016 (1): 21.

[153] Marinkoskare D, Riberio S. A dynamic panel study on digitalization and firm's agility: What drives agility in advanced economies 2009–2018 [J]. Technological Forecasting and Social Change, 2020, 163 (2): 120–418.

[154] Markus M L, Benjamin R I. The magic bullet theory in ITenabled transformation [J]. Sloan Manag Rev, 1997, 38 (2): 55–68.

[155] Matt C, Hess T, Benlian A. Digital transformation strategies [J] . Bus Inf Syst Eng, 2015, 57 (5): 339–343.

[156] McCullough J S, Parente S T, Town R. Health information technology and patient outcomes: The role of information and labor coordination [J]. The RAND Journal of Economics, 2016, 47 (1): 207–236.

[157] Mendling J, Pentland B T, Ecker J R. Building a complementary agenda for business process management and digital innovation [J] . European Journal of Information Systems, 2020, 29 (3): 208–219.

[158] Michael C Jensen, William H Meckling. Theory of the firm: Managerial behavior, agency costs and ownership structure [J] . Journal of Financial Economics, 1976, 3 (4): 305–360.

[159] Michael Taylor. Twin peaks: A regulatory structure for the new century [R]. London: Center for the Study of Financial Innovation, 1995: 10–11.

[160] Miller A R, Tucker C. Frontiers of health policy: Digital data and personalized medicine [J]. Innovation Policy and the Economy, 2017, 17 (1): 49–75.

[161] Miller J W, Smith J L, Ryerson A B, et al. Disparities in breast cancer survival in the United States (2001–2009): Findings from the CONCORD-2 study [J]. . Cancer, 2017, 123: 5100–5118.

[162] Minton B A, Taillard J P, Williamson R.Financial expertise of the board, risk taking, and performance: Evidence from bank holding companies [J] . Journal of Financial and Quantitative Analysis, 2014, 49 (2): 351–380.

[163] Mirrlees J A. An exploration in the theory of optimum income taxation [J]. The Review of Economic Studies, 1971, 38 (2): 175–208.

[164] Mokyr J. Punctuated equilibria and technological progress [J] . The American Economic Review, 1990, 80 (2): 350–354.

[165] Morris M, Schindehutte M, Allen J. The entrepreneur's business model: Toward a unified perspective [J] . Journal of Business Research, 2005, 58 (6) : 726–735.

[166] Myovella G, Karacuka M, Haucap J. Digitalization and economic growth: A comparative analysis of Sub –Saharan Africa and OECD economies [J] . Telecommunications Policy, 2020, 44 (2): 308–596.

[167] Naidu S, Posner E A, Weyl G. Antitrust remedies for labor market power [J]. Harvard Law Review, 2018, 132 (2): 536–601.

[168] Nambisan S, Lyytinen K, Majchrzak A, Song M. Digital innovation management: Reinventing innovation management research in a digital World [J]. MIS Quarterly, 2017, 41 (1): 223–238.

[169] Oliver B R. The impact of management confidence on capital structure [R]. Working Paper, 2005: 5.

[170] Park H J, Choi S O. Digital innovation adoption and its economic impact focused on path analysis at national level [J] . Journal of Open Innovation: Technology, Market and Complexity, 2019, 5 (3): 56.

[171] Peress J. The media and the diffusion of information in financial markets: Evidence from newspaper strikes [J] . The Journal of Finance, 2014, 69 (5) : 2007–2043.

[172] Posner R A. The economics of privacy [J]. The American Economic Review, 1981, 71 (2): 405–409.

[173] Romer D H. Staggered price setting with endogenous frequency of adjustment [J]. Economics Letters, 1990, 32 (3): 210.

[174] Romer P M. Endogenous technological change [J] . Journal of Political Economy, 1990, 98 (5): 71–102.

[175] Romer, Paul M. Increasing returns and long–run growth [J] . Journal of Political Economy, 1986, 94 (5) : 1002–1037.

[176] Ross J W, Weill P, Robertson D C, et al. Enterprise architecture as strategy: Creating a foundation for business execution [J] . Carnegie Mellon University Software Engineering Institute, 2006, 25 (4) : 1–3.

[177] Savage S J, Waldman D M. Ability, location and household demand for Internet bandwidth [J] . International Journal of Industrial Organization, 2009, 27 (2) : 166–174.

[178] Scott S L, Varian H R. Bayesian variable selection for nowcasting economic time series [M] //Economic analysis of the digital economy. University of Chicago Press, 2015: 119–135.

[179] Shefrin H. Behavioral corporate finance [J] . Journal of Applied Corporate Finance, 2001, 14 (3) : 113–126.

[180] Sheninger E. Digital leadership: Changing paradigms for changing times [M] . California: Corwin Press, 2014: 1–126.

[181] Shleifer A, Vishny A. Large shareholders and corporate control [J] . Journal of Political Ecopnomy, 1986 (95) : 599–617.

[182] Simon H A. Theories of decision making in economics and behavioral science [J] . A E R, 1959, 49 (6) : 253–283.

[183] Sinai, Todd, Joel Waldfogel. Geography and the internet: Is the internet a substitute or a complement for cities? [J] . Journal of Urban Economics, 2004, 56 (1) : 1–24.

[184] Sjodin D R, Parida V, Leksell M, et al. Smart factory implementation and process innovation a preliminary maturity model for leveraging digitalization in manufacturing [J] . Research Technology Management, 2018, 61 (5) : 22–31.

[185] Soloveichik R. Artistic originals as a capital asset [J] . American Economic Review, 2010, 100 (2) : 110–114.

[186] Solow R M. A contribution to the theory of economic growth [J] . The Quarterly Journal of Economics, 1956, 70 (1) : 65–94.

[187] Solow R M. Second thoughts on growth theory [J] . Employment and Growth: Issues for the 1980s. Dordrecht: Springer Netherlands, 1987 (1) : 13–28.

[188] Spence M. Job market signaling [J] . Quarterly Journal of Economics, 1973,

87: 355–374.

［189］Stigler G. The economics of information［J］. The Journal of Political Economy, 1961, 69（3）: 213–225.

［190］Stiglitz J E. Information and the change in the paradigm in economics［J］. American Economic Review, 2002, 92（3）: 460–501.

［191］Svahn F, Mathiassen L, Lindgren R. Embracing digital innovation in incumbent firms: How volvo cars managed competing concerns［J］. MIS Quarterly, 2017, 41（1）: 239–253.

［192］Tambe P, Hitt L M, Brynjolfsson E. The extroverted firm: How external information practices affect innovation and productivity［J］. Management Science, 2021, 58（5）: 843–859.

［193］Tanaka M. Changing demand for general skills, technological uncertainty, and economic growth［J］. The B E Journal of Macroeconomics, 2020, 20（1）: 1–42.

［194］Tapscot. The digital economy: Promise and peril in the age of networked intelligence［M］. New York: The McGraw — Hill Companies, 1995: 156 –168.

［195］Teece D J, Pisano G, Shuen A. Dynamic capabilities and strategic management［J］. Stragegic Management Journal, 1997, 18（7）: 509–533.

［196］Teece D J. Profiting from innovation in the digital economy: Enabling technologies, standards, and licensing models in the wireless world［J］. Research Policy, 2018, 47（8）: 1367–1387.

［197］Tumbas S, Berente N, Brocke J. Digital innovation and institutional entrepreneurship: Chief digital officer perspectives of their emerging role［J］. Journal of Information Technology, 2018, 33（3）: 188–202.

［198］Turber S, et al. Business models in the age of pervasive digitization［R］. I. 22nd European Conference on Information Systems, ECIS 2014: 1–10.

［199］Varian H. The economics of the internet and academia［J］. The Economics of Information in the Networked Environment Routledge, 2019（1）: 57–72.

［200］Veldkamp L L. Slow boom, sudden crash［J］. Journal of Economic Theory, 2005, 124（2）: 230–257.

［201］Vial G. Understanding digital transformation: A review and a research agenda［J］. Journal of Strategic Information Systems, 2019, 28（2）: 118–144.

［202］Vossen G, Schönthaler F, Dillon S. The web at graduation and beyond:

Business impacts and developments [J]. Springer, 2017 (1): 157–244.

[203] Wallsten S. What are we not doing when we're online [J]. National Bureau of Economic Research, 2013 (1): 55–82.

[204] Webb, Michael. The impact of artificial intelligence on the labor market [J]. Available at SSRN 3482150, 2019: 33–46.

[205] Wen H, Zhong Q, Lee C. Digitalization, competition strategy and corporate innovation: Evidence from Chinese manufacturing listed companies [J]. International Review of Financial Analysis, 2022 (82): 1–11.

[206] Wilhelm L G. Explanation of binary arithmetic [J]. Memoires de l'Academie Royale des Sciences, 1703, 6 (3): 223–227.

[207] William B Rouse. Enterprises as systems: Essential challenges and approaches to transformation [J]. IEEE Engineering Management, 2005 (11): 138–148.

[208] Williamson. Liquidity and the cost of capital: Implication for corporate management [J]. Journal of Applied Corporate Finance, 1989, 41 (2): 65–73.

[209] Winegar A G, Sunstein C R. How much is data privacy worth? A preliminary investigation [J]. Journal of Consumer Policy, 2019 (42): 425–440.

[210] Winkelhake U. Challenges in the digital transformation of the automotive industry [J]. ATZ Worldwide, 2019 (7): 36–42.

[211] Yoo Y, Boland R J, Lyytinen K, Majchrzak A. Organizing for innovation in the digitized World [J]. Organization Science, 2012, 23 (5): 1398–1408.

[212] Zapadka P, Hanelt A, Firk S. Digital at the edgeantecedents and performance effects of boundary resource deployment [J]. The Journal of Strategic Information Systems, 2022, 31 (1): 101708.

[213] Zhang Y, Gimeno J. Earnings pressure and long–term corporate governance: Can long–term–oriented investors and managers reduce the quarterly earnings obsession? [J]. Organization Science, 2016, 27 (2): 354–372.

[214] 白重恩，刘俏，陆洲，宋敏，张俊喜 . 中国上市公司治理结构的实证研究 [J]. 经济研究，2005（02）：81–91.

[215] 薄仙慧，吴联生 . 国有控股与机构投资者的治理效应：盈余管理视角 [J]. 经济研究，2009，44（02）：81–91+160.

[216] 包锋，徐建国 . 异质信念的变动与股票收益 [J]. 经济学（季刊），

2015，14（04）：1591-1610.

［217］卜君，孙光国．投资者实地调研与上市公司违规：作用机制与效果检验［J］．会计研究，2020，391（05）：30-47.

［218］蔡贵龙，柳建华，马新啸．非国有股东治理与国企高管薪酬激励［J］．管理世界，2018，34（05）：137-149.

［219］蔡宏标，饶品贵．机构投资者、税收征管与企业避税［J］．会计研究，2015，336（10）：59-65+97.

［220］曹春方，张超．产权权利束分割与国企创新——基于中央企业分红权激励改革的证据［J］．管理世界，2020，36（09）：155-168.

［221］陈春华，曹伟，曹雅楠，等．数字金融发展与企业"脱虚向实"［J］．财经研究，2021，47（09）：78-92.

［222］陈冬，唐建新．机构投资者持股、避税寻租与企业价值［J］．经济评论，2013，184（06）：133-143.

［223］陈冬梅，王俐珍，陈安霓．数字化与战略管理理论——回顾、挑战与展望［J］．管理世界，2020，36（05）：220-236+20.

［224］陈汉文，王韦程．董事长特征、薪酬水平与内部控制［J］．厦门大学学报（哲学社会科学版），2014（02）：90-99.

［225］陈红，张凌霄．ESG 表现、数字化转型与企业价值提升［J］．中南财经政法大学学报，2023（03）：136-149.

［226］陈剑，黄朔，刘运辉．从赋能到使能——数字化环境下的企业运营管理［J］．管理世界，2020，36（02）：117-128+222.

［227］陈利，王天鹏，吴玉梅，谢家智．政府补助、数字普惠金融与企业创新——基于信息制造类上市公司的实证分析［J］．当代经济研究，2022（01）：107-117.

［228］陈钦源，马黎珺，伊志宏．分析师跟踪与企业创新绩效——中国的逻辑［J］．南开管理评论，2017，20（03）：15-27.

［229］陈庆江，王彦萌，万茂丰．企业数字化转型的同群效应及其影响因素研究［J］．管理学报，2021，18（05）：653-663.

［230］陈宋生，李文颖，吴东琳．XBRL、公司治理与权益成本——财务信息价值链全视角［J］．会计研究，2015（03）：64-71+95.

［231］陈友骏，于娣．21 世纪 10 年代日本军事战略的嬗变态势及动因分析［J］．日本问题研究，2020，34（05）：43-55.

［232］陈中飞，江康奇．数字金融发展与企业全要素生产率［J］．经济学动态，2021（10）：82–99.

［233］程惠芳，陆嘉俊．知识资本对工业企业全要素生产率影响的实证分析［J］．经济研究，2014，49（05）：174–187.

［234］池国华．中国上市公司内部控制指数的功能定位与系统构建［J］．管理世界，2011，213（06）：172–173.

［235］池毛毛，叶丁菱，王俊晶，翟姗姗．我国中小制造企业如何提升新产品开发绩效——基于数字化赋能的视角［J］．南开管理评论，2020，132（03）：63–75.

［236］崔淼，于立，周志明．企业数字化转型的影响因素研究［J］．中外企业家，2014（27）：90–91.

［237］党琳，李雪松，申烁．制造业行业数字化转型与其出口技术复杂度提升［J］．国际贸易问题，2021（06）：32–47.

［238］翟光宇，武力超，唐大鹏．中国上市银行董事会秘书持股降低了信息披露质量吗？——基于2007–2012年季度数据的实证分析［J］．经济评论，2014（02）：127–138.

［239］翟淑萍，韩贤，陈曦．数字金融对企业投融资期限错配的影响及其路径分析——基于“短贷长投”视角［J］．广东财经大学学报，2021，36（04）：96–110.

［240］丁国祥．吉利汽车数字化实践和转型的思考［J］．智能制造，2017（04）：24–26.

［241］丁慧，吕长江，陈运佳．投资者信息能力：意见分歧与股价崩盘风险——来自社交媒体“上证e互动”的证据［J］．管理世界，2018，34（09）：161–171.

［242］方先明，胡丁．企业ESG表现与创新——来自A股上市公司的证据［J］．经济研究，2023（02）：91–106.

［243］龚强，班铭媛，张一林．区块链、企业数字化与供应链金融创新［J］．管理世界，2021，37（02）：22–34+3.

［244］顾雷雷，郭国庆，彭俞超．融资约束、营销能力和企业投资［J］．管理评论，2018，30（07）：100–113.

［245］顾宁，吴懋，赵勋悦．数字普惠金融对小微企业全要素生产率的影响——“锦上添花”还是“雪中送炭”［J］．南京社会科学，2021（12）：35–47.

［246］顾颖，阮添舜，安立仁．中国实践导向的产业数字化转型与创业新机遇分析［J］．产业创新研究，2023（14）：4-6.

［247］国家工业信息安全发展研究中心．工业和信息化蓝皮书：2020-2021 数字经济发展报告［M］．北京：电子工业出版社，2021.

［248］国务院发展研究中心课题组，马建堂，张军扩．充分发挥“超大规模性”优势 推动我国经济实现从“超大”到“超强”的转变［J］．管理世界，2020（01）.

［249］郭吉涛，朱义欣．数字经济影响企业信用风险的效应及路径［J］．深圳大学学报（人文社会科学版），2021，38（06）：69-80.

［250］郭建鸾，简晓彤．分析师的外部监督效应——来自企业高管在职消费的证据［J］．中央财经大学学报，2021，402（02）：73-88.

［251］郭杰，洪洁瑛．中国证券分析师的盈余预测行为有效性研究［J］．经济研究，2009，499（11）：55-67+81.

［252］郭金花，郭檬楠，郭淑芬．数字基础设施建设如何影响企业全要素生产率？——基于“宽带中国”战略的准自然实验［J］．证券市场导报，2021（06）：13-23.

［253］郭蓉，文巧甜．双重业绩反馈、内外部治理机制与战略风险承担［J］．经济管理，2019，41（08）：91-112.

［254］何帆，刘红霞．数字经济视角下实体企业数字化变革的业绩提升效应评估［J］．改革，2019（04）：137-148.

［255］胡波，王骜然．互联网背景下企业创始人控制权对企业长期业绩的影响探究［J］．经济问题，2016（07）：21-23.

［256］胡青．企业数字化转型的机制与绩效［J］．浙江学刊，2020（02）：146-154.

［257］胡志勇，夏英俊，黄琼宇，李旎，宋泽芳．基于 SEM 的公司治理对会计信息可比性的影响研究［J］．数理统计与管理，2019，38（05）：899-907.

［258］花俊国，刘畅，朱迪．数字化转型、融资约束与企业全要素生产率［J］．南方金融，2022（07）：54-65.

［259］黄勃，李海彤，刘俊岐，等．数字技术创新与中国企业高质量发展——来自企业数字专利的证据［J］．经济研究，2023，58（03）：97-115.

［260］黄节根，吉祥熙，李元旭．数字化水平对企业创新绩效的影响研究——来自沪深 A 股上市公司的经验证据［J］．江西社会科学，2021（05）：61-

72+254–255.

［261］黄俊，郭照蕊．新闻媒体报道与资本市场定价效率——基于股价同步性的分析［J］．管理世界，2014（05）：121–130.

［262］黄漫宇，王孝行．零售企业数字化转型对经营效率的影响研究——基于上市企业年报的文本挖掘分析［J］．北京工商大学学报（社会科学版），2022，37（01）：38–49.

［263］黄琼宇，罗依茹，胡志勇，许楚红．非国有股东治理与国有企业会计信息可比性［J］．证券市场导报，2021（07）：49–58.

［264］加文·凯利，多米尼克·凯利，安德鲁·甘布尔．利害相关者资本主义［M］．欧阳英，译．重庆：重庆出版社，2001.

［265］蒋长流，江成涛．数字普惠金融能否促进地区经济高质量发展？——基于258个城市的经验证据［J］．湖南科技大学学报（社会科学版），2020（03）：75–84.

［266］蒋琰．权益成本、债务成本与公司治理：影响差异性研究［J］．管理世界，2009，194（11）：144–155.

［267］江红莉，蒋鹏程．数字金融能提升企业全要素生产率吗？——来自中国上市公司的经验证据［J］．上海财经大学学报，2021，23（03）：3–18.

［268］姜付秀，石贝贝，马云飙．信息发布者的财务经历与企业融资约束［J］．经济研究，2016（06）：83–97.

［269］姜富伟，孟令超，唐国豪．媒体文本情绪与股票回报预测［J］．经济学（季刊），2021，21（04）：1323–1344.

［270］姜卫民，郑琼洁，巫强．数字经济行业效率：测算方法、演进趋势及影响机制［J］．财经问题研究，2022（03）：34–43.

［271］靳毓，文雯，何茵．数字化转型对企业绿色创新的影响——基于中国制造业上市公司的经验证据［J］．财贸研究，2022（07）：69–83.

［272］荆浩，陈思睿，马佳．企业数字化转型绩效影响因素组态路径研究［J］．重庆理工大学学报（社会科学版），2022，36（03）：119–128.

［273］荆文君，孙宝文．数字经济促进经济高质量发展：一个理论分析框架［J］．经济学家，2019（02）：66–73.

［274］康文津，章康．中国A股市场流动性冲击与股票回报率关系研究［J］．中国管理科学，2023（01）：1–13.

［275］孔东民，刘莎莎，谭伟强．分析师评级与投资者交易行为［J］．管理

世界，2019，35（01）：167-178+228.

［276］孔东民，刘莎莎，应千伟.公司行为中的媒体角色：激浊扬清还是推波助澜？［J］.管理世界，2013，238（07）：145-162.

［277］孔东民，徐茗丽，孔高文.企业内部薪酬差距与创新［J］.经济研究，2017（10）：144-157.

［278］郦金梁，何诚颖，廖旦，何牧原.舆论影响力、有限关注与过度反应［J］.经济研究，2018（03）：126-141.

［279］李长江.关于数字经济内涵的初步探讨［J］.电子政务，2017（09）：84-92.

［280］李春涛，宋敏.中国制造业企业的创新活动：所有制和CEO激励的作用［J］.经济研究，2010，505（05）：55-67.

［281］李春涛，宋敏，张璇.分析师跟踪与企业盈余管理——来自中国上市公司的证据［J］.金融研究，2014，409（07）：124-139.

［282］李宏，乔越.数字化转型提高了制造业出口技术复杂度吗？——基于国家信息化发展战略的拟自然实验［J］.山西大学学报（哲学社会科学版），2021，44（05）：108-118.

［283］李胡扬，柳学信，孔晓旭.国有企业党组织参与公司治理对企业非市场战略的影响［J］.改革，2021，327（05）：102-117.

［284］李金林，金钰琦.中国股票A股市场随机游走模型的检验［J］.北京工商大学学报（自然科学版），2002（04）：49-52.

［285］李琳，张敦力.分析师跟踪、股权结构与内部人交易收益［J］.会计研究，2017（01）：53-60+96.

［286］李明辉，程海艳.党组织参与治理与企业创新——来自国有上市公司的经验证据［J］.系统管理学报，2021，150（03）：401-422.

［287］李培功，沈艺峰.媒体的公司治理作用：中国的经验证据［J］.经济研究，2010，45（04）：14-27.

［288］李奇阳，李兆华.中国董事高管责任保险制度的发展困境及对策研究［J］.商业经济，2021（12）：164-166.

［289］李琦，刘力钢，邵剑兵.数字化转型、供应链集成与企业绩效——企业家精神的调节效应［J］.经济管理，2021，43（10）：5-23.

［290］李维安.移动互联网时代的公司治理变革［J］.南开管理评论，2014（04）：1.

［291］李维安，戴文涛．公司治理，内部控制，风险管理的关系框架［J］．审计与经济研究，2013（04）：35-36.

［292］李维安，张耀伟．中国上市公司董事会治理评价实证研究［J］．当代经济科学，2005（01）：17-23.

［293］李伟，滕云．企业社会责任与内部控制有效性关系研究［J］．财经问题研究，2015，381（08）：105-109.

［294］李文贵，余明桂．民营化企业的股权结构与企业创新［J］．管理世界，2015（04）：112-125.

［295］李小玲，崔淑琳，赖晓冰．数字金融能否提升上市企业价值？——理论机制分析与实证检验［J］．现代财经（天津财经大学学报），2020，40（09）：83-95.

［296］李晓华．数字经济新特征与数字经济新动能的形成机制［J］．改革，2019（11）：40-51.

［297］李晓玲，胡欢，刘中燕．分析师关注与薪酬业绩敏感性：基于职业声誉和产权性质视角［J］．商业经济与管理，2015（07）：34-45.

［298］李雪松，党琳，赵宸宇．数字化转型、融入全球创新网络与创新绩效［J］．中国工业经济，2022（10）：43-61.

［299］李延喜，曾伟强，马壮，陈克兢．外部治理环境、产权性质与上市公司投资效率［J］．南开管理评论，2015，100（01）：25-36.

［300］李宇坤，任海云，祝丹枫．数字金融、股权质押与企业创新投入［J］．科研管理，2021，42（08）：102-110.

［301］李振叶，刘杨程，徐斌．“互联网+”对工业高质量发展的影响——基于面板中介效应模型的估计［J］．科技进步与对策，2020，37（14）：86-93.

［302］李争光，赵西卜，曹丰，刘向强．机构投资者异质性与会计稳健性——来自中国上市公司的经验证据［J］．南开管理评论，2015（03）：111-121.

［303］李志生，李好，马伟力，林秉旋．融资融券交易的信息治理效应［J］．经济研究，2017，52（11）：150-164.

［304］梁榜，张建华．数字普惠金融发展能激励创新吗？——来自中国城市和中小企业的证据［J］．当代经济科学，2019，225（05）：74-86.

［305］梁榜，张建华．中国普惠金融创新能否缓解中小企业的融资约束［J］．中国科技论坛，2018（11）：94-105.

［306］梁琦，林爱杰．数字金融对小微企业融资约束与杠杆率的影响研究

[J]. 中山大学学报（社会科学版），2020，60（06）：191-202.

[307] 刘兵 . 企业经营者激励制约理论与实务 [M]. 天津：天津大学出版社，2002.

[308] 刘静 . 中国广告业数字化发展内涵初探 [J]. 中国广告，2007（01）：133-137.

[309] 刘九如 . 关于转型 [J]. 现代产业经济，2013（06）：1.

[310] 刘鹏飞，赫曦滢 . 传统产业的数字化转型 [J]. 人民论坛，2018（26）：87-89.

[311] 刘淑春，闫津臣，张思雪，林汉川 . 企业管理数字化变革能提升投入产出效率吗 [J]. 管理世界，2021，37（05）：170-190+13.

[312] 刘维奇，刘新新 . 个人和机构投资者情绪与股票收益——基于上证 A 股市场的研究 [J]. 管理科学学报，2014，17（03）：70-87.

[313] 刘想，刘银国 . 社会责任信息披露与企业价值关系研究——基于公司治理视角的考察 [J]. 经济学动态，2014（11）：89-97.

[314] 刘银国，朱龙 . 公司治理与企业价值的实证研究 [J]. 管理评论，2011（02）：45-52.

[315] 卢锐 . 企业创新投资与高管薪酬业绩敏感性 [J]. 会计研究，2014，324（10）：36-42+96.

[316] 鲁桐，党印 . 公司治理与技术创新：分行业比较 [J]. 经济研究，2014，49（06）：115-128.

[317] 鲁晓东，连玉君 . 中国工业企业全要素生产率估计：1999—2007 [J]. 经济学（季刊），2012，11（02）：541-558.

[318] 罗党论，郭瀚中 . 并购重组信息泄露：空穴来风抑或真有此事？——来自中国的上市公司网络搜索的经验证据 [J]. 投资研究，2021，448（06）：89-103.

[319] 吕昊，贾海东 . 机构投资者参与公司治理行为指引制度研究 [J]. 证券市场导报，2022（02）.

[320] 马丹，王春峰，房振明 . 机构调研行为的示范效应研究——基于深证“互动易”平台的实验证据 [J]. 运筹与管理，2021，181（04）：172-177.

[321] 马芬芬，付泽宇，王满仓 . 数字金融、融资约束与企业全要素生产率——理论模型与工业企业经验证据 [J]. 人文杂志，2021（07）：69-79.

[322] 马广奇，陈雪蒙 . 数字普惠金融、融资约束与中小上市公司成长性

[J]. 哈尔滨商业大学学报(社会科学版),2021(01):32-43.

[323] 马文杰,胡玥. 地区碳达峰压力与企业绿色技术创新——基于碳排放增速的研究[J]. 会计与经济研究,2022(04):53-73.

[324] 马勇,王满,马影,彭博. 非国有大股东影响国企审计师选择吗?[J]. 审计与经济研究,2019(02):19-30.

[325] 孟天广,赵娟. 大数据时代网络搜索行为与公共关注度:基于 2011-2017 年百度指数的动态分析[J]. 学海,2019(03):41-48.

[326] 苗力. 数字化领导力对组织创造力影响的研究综述[J]. 企业改革与管理,2018(17):7-9.

[327] 明升霞. 数字化转型的一些思考[J]. 电视字幕(特技与动画),2000(12):54-56.

[328] 倪克金,刘修岩. 数字化转型与企业成长:理论逻辑与中国实践[J]. 经济管理,2021,43(12):79-97.

[329] 聂秀华,吴青. 数字金融对中小企业技术创新的驱动效应研究[J]. 华东经济管理,2021,35(03):42-53.

[330] 潘越,戴亦一,林超群. 信息不透明、分析师关注与个股暴跌风险[J]. 金融研究,2011,375(09):138-151.

[331] 祁怀锦,曹修琴,刘艳霞. 数字经济对公司治理的影响——基于信息不对称和管理者非理性行为视角[J]. 改革,2020(04):50-64.

[332] 戚聿东,肖旭. 数字经济时代的企业管理变革[J]. 管理世界,2020,36(06):135-152+250.

[333] 邱浩然,徐辉. 数字化转型对农业企业绩效的影响[J]. 统计与决策,2022,38(03):90-95.

[334] 曲永义. 数字创新的组织基础与中国异质性[J]. 管理世界,2022(10).

[335] 冉芳,谭怡. 数字金融、创新投入与企业全要素生产率[J]. 统计与决策,2021,37(15):136-139.

[336] 任胜钢,郑晶晶,刘东华,陈晓红. 排污权交易机制是否提高了企业全要素生产率——来自中国上市公司的证据[J]. 中国工业经济,2019,374(05):5-23.

[337] 沙莎. 浅析科技创新与企业发展:基于博弈[J]. 中外企业家,2019(33):207-208.

[338] 沈艳,王靖一. 媒体报道与未成熟金融市场信息透明度——中国网络

借贷市场视角［J］. 管理世界，2021，37（02）：35–50+4+17–19.

［339］沈玉清，戚务君，曾勇 . 审计任期、公司治理与盈余质量［J］. 审计研究，2009，148（02）：50–56.

［340］石姝莉 . 出版企业数字化转型：机制模型与路径研究——基于企业基因的视角［J］. 编辑之友，2016（04）：16–21.

［341］石晓军，王骜然 . 独特公司治理机制对企业创新的影响——来自互联网公司双层股权制的全球证据［J］. 经济研究，2017，592（01）：149–164.

［342］宋敏，周鹏，司海涛 . 金融科技与企业全要素生产率——"赋能"和信贷配给的视角［J］. 中国工业经济，2021（04）：138–155.

［343］谭劲松，林雨晨 . 机构投资者对信息披露的治理效应——基于机构调研行为的证据［J］. 南开管理评论，2016，110（05）：115–126+138.

［344］谭雪 . 分析师关注的治理功用研究——基于两类代理成本的考察［J］. 证券市场导报，2016（12）：37–45.

［345］谭志东，赵洵，潘俊，谭建华 . 数字化转型的价值：基于企业现金持有的视角［J］. 财经研究，2022（2–3）：1–16.

［346］唐跃军，左晶晶 . 所有权性质、大股东治理与公司创新［J］. 金融研究，2014（06）：177–192.

［347］陶锋，王欣然，徐扬，等 . 数字化转型、产业链供应链韧性与企业生产率［J］. 中国工业经济，2023（05）：118–136.

［348］田秀娟，李锐 . 数字技术赋能实体经济转型发展——基于熊彼特内生增长理论的分析框架［J］. 管理世界，2022（05）.

［349］王彪华，唐凯桃，陈凯歌 . 签字审计师超额配置与分析师关注［J］. 中国软科学，2021，371（11）：117–125.

［350］王波，杨茂佳 . ESG 表现对企业价值的影响机制研究——来自我国 A 股上市公司的经验证据［J］. 软科学，2022（06）：78–84.

［351］王道平，刘琳琳 . 数字金融、金融错配与企业全要素生产率——基于融资约束视角的分析［J］. 金融论坛，2021，26（08）：28–38.

［352］王凤彬，江鸿，王璁 . 央企集团管控架构的演进：战略决定、制度引致还是路径依赖？——一项定性比较分析（QCA）尝试［J］. 管理世界，2014（12）：92–114+187–188.

［353］王锋正，刘向龙，张蕾，程文超 . 数字化促进了资源型企业绿色技术创新吗？［J/OL］. 科学学研究：1–21［2022–01–30］.

［354］王福胜，宋海旭．终极控制人、多元化战略与现金持有水平［J］．管理世界，2012，226（07）：124-136+169.

［355］王华庆．发挥自主创新优势 研发高新金融机具［N］．金融时报，2011-01-01（006）.

［356］王化成，刘金钊，孙昌玲，高升好．基于价值网环境的财务管理：案例解构与研究展望［J］．会计研究，2017（17）.

［357］王娟，朱卫未．数字金融发展能否校正企业非效率投资［J］．财经科学，2020（03）：14-25.

［358］王开科，吴国兵，章贵军．数字经济发展改善了生产效率吗［J］．经济学家，2020（10）：24-34.

［359］王珊．投资者实地调研发挥了治理功能吗？——基于盈余管理视角的考察［J］．经济管理，2017，39（09）：180-194.

［360］王生年，牛慧君．机构投资者调研降低了债券违约风险吗？［J］．投资研究，2021，445（03）：95-112.

［361］王霄，邱星宇，叶涛．数字金融能提升民营企业创新吗？——基于动态能力理论的实证研究［J］．南京财经大学学报，2021（06）：45-55.

［362］王永钦，李蔚，戴芸．僵尸企业如何影响了企业创新？——来自中国工业企业的证据［J］．经济研究，2018，614（11）：99-114.

［363］汪玉兰，易朝辉．投资组合的权重重要吗？——基于机构投资者对盈余管理治理效应的实证研究［J］．会计研究，2017，355（05）：53-59+97.

［364］韦庄禹．数字经济发展对制造业企业资源配置效率的影响研究［J］．数量经济技术经济研究，2022（03）：66-85.

［365］魏杰．人力资本的激励与约束机制问题［J］．国有资产管理，2001（08）：24-27.

［366］文凤华，肖金利，黄创霞，陈晓红，杨晓光．投资者情绪特征对股票价格行为的影响研究［J］．管理科学学报，2014，17（03）：60-69.

［367］吴非，胡慧芷，林慧妍，等．企业数字化转型与资本市场表现——来自股票流动性的经验证据［J］．管理世界，2021，37（07）：130-144+10.

［368］吴非，向海凌，刘心怡．数字金融与金融市场稳定——基于股价崩盘风险的视角［J］．经济学家，2020（10）：87-95.

［369］吴辉航，刘小兵，季永宝．减税能否提高企业生产效率？——基于西部大开发准自然实验的研究［J］．财经研究，2017，425（04）：55-67.

［370］吴桐桐，王仁曾．数字普惠金融发展与投资者“炒新”［J］．财贸研究，2020，31（11）：53-64.

［371］吴育辉，张腾，秦利宾，等．高管信息技术背景与企业数字化转型［J］．经济管理，2022，44（12）：138-157.

［372］伍旭川，刘学．国家数字化战略的国际比较及启示［J］．当代金融研究，2019（02）：80-86.

［373］肖红军，阳镇，刘美玉．企业数字化的社会责任促进效应：内外双重路径的检验［J］．经济管理，2021，43（11）：52-69.

［374］肖仁桥，沈佳佳，钱丽．数字化水平对企业新产品开发绩效的影响——双元创新能力的中介作用［J］．科技进步与对策，2021，38（24）：106-115.

［375］谢红军，吕雪．负责任的国际投资：ESG 与中国 OFDI［J］．经济研究，2022（03）：83-99.

［376］徐欣，唐清泉．财务分析师跟踪与企业 R&D 活动——来自中国证券市场的研究［J］．金融研究，2010，366（12）：173-189.

［377］徐欣，郑国坚，张腾涛．研发联盟与中国企业创新［J］．管理科学学报，2019（11）.

［378］徐泽林，高岭，林雨晨．买方机构调研与股价超额收益［J］．系统工程理论与实践，2021，41（10）：2457-2475.

［379］阎海峰，王墨林，田牧，等．国际化速度和企业绩效关系研究：基于生命周期理论的 Meta 分析［J］．南大商学评论，2021（01）：69-86.

［380］杨德明，刘泳文．“互联网 +”为什么加出了业绩［J］．中国工业经济，2018（05）.

［381］杨德明，史亚雅．内部控制质量会影响企业战略行为么？——基于互联网商业模式视角的研究［J］．会计研究，2018（02）：69-75.

［382］杨慧梅，江璐．数字经济、空间效应与全要素生产率［J］．统计研究，2021（04）.

［383］杨侠，马忠．机构投资者调研与大股东掏空行为抑制［J］．中央财经大学学报，2020，392（04）：42-64.

［384］杨欣，吕本富．突发事件、投资者关注与股市波动——来自网络搜索数据的经验证据［J］．经济管理，2014（02）：147-158.

［385］叶成刚．装备制造企业数字化转型战略与实施［J］．橡塑技术与装备，

2018，44（04）：42–46.

［386］易露霞，吴非，徐斯旸．企业数字化转型的业绩驱动效应研究［J］．证券市场导报，2021，349（08）：15–25+69.

［387］殷治平，张兆国．管理者任期、内部控制与战略差异［J］．中国软科学，2016，312（12）：132–143.

［388］应千伟，呙昊婧，邓可斌．媒体关注的市场压力效应及其传导机制［J］．管理科学学报，2017，20（04）：32–49.

［389］于世海，许慧欣，孔令乾．数字经济水平对中国制造业资源配置效率的影响研究［J］．财贸研究，2022（12）：19–34.

［390］虞义华，赵奇锋，鞠晓生．发明家高管与企业创新［J］．中国工业经济，2018（03）：136–154.

［391］袁淳，肖土盛，耿春晓，盛誉．数字化转型与企业分工：专业化还是纵向一体化［J］．中国工业经济，2021（09）：137–155.

［392］袁冬梅，王海娇，肖金利．机构投资者持股、信息透明度与企业社会责任［J］．重庆社会科学，2021（10）：82–107.

［393］袁鲲，曾德涛．区际差异、数字金融发展与企业融资约束——基于文本分析法的实证检验［J］．山西财经大学学报，2020，42（12）：40–52.

［394］袁勇．BPR 为数字化转型而生［J］．企业管理，2017（10）：102–104.

［395］袁知柱，王泽燊，郝文瀚．机构投资者持股与企业应计盈余管理和真实盈余管理行为选择［J］．管理科学，2014，27（05）：104–119.

［396］张吉昌，龙静．数字化转型、动态能力与企业创新绩效——来自高新技术上市企业的经验证据［J］．经济与管理，2022（03）：74–83.

［397］张鹏．数字经济的本质及其发展逻辑［J］．经济学家，2019（02）：25–33.

［398］张然，汪荣飞，王胜华．分析师修正信息、基本面分析与未来股票收益［J］．金融研究，2017（07）：156–174.

［399］张森，温军，刘红．数字经济创新探究：一个综合视角［J］．经济学家，2020（02）：80–87.

［400］张维迎．民营企业的生存环境与中国经济的未来［J］．企业文化，2004（Z1）：106–107.

［401］张先治，刘坤鹏，李庆华．战略偏离度、内部控制质量与财务报告可比性［J］．审计与经济研究，2018，184（06）：35–47.

[402] 张友棠，常瑜洺. 数字金融对科技型企业投资效率影响的实证检验[J]. 统计与决策，2020，36（16）：179–183.

[403] 张宗新，吴钊颖. 媒体情绪传染与分析师乐观偏差——基于机器学习文本分析方法的经验证据[J]. 管理世界，2021，37（01）：170–185+11+20–22.

[404] 张宗新，杨万成. 声誉模式抑或信息模式：中国证券分析师如何影响市场？[J]. 经济研究，2016，51（09）：104–117.

[405] 张宗新，周嘉嘉. 分析师关注能否提高上市公司信息透明度？——基于盈余管理的视角[J]. 财经问题研究，2019，433（12）：49–57.

[406] 赵璨，曹伟，姚振晔，王竹泉. "互联网+"有利于降低企业成本粘性吗？[J]. 财经研究，2020（04）.

[407] 赵宸宇，王文春，李雪松. 数字化转型如何影响企业全要素生产率[J]. 财贸经济，2021，42（07）：114–129.

[408] 赵辉. 新古典经济增长理论的发展脉络及评论[J]. 生产力研究，2010（12）：35–36.

[409] 赵世芳，江旭，应千伟，霍达. 股权激励能抑制高管的急功近利倾向吗——基于企业创新的视角[J]. 南开管理评论，2020，135（06）：76–87.

[410] 赵婷婷，等. 数字化转型助力企业外循环：影响机理和实现路径[J]. 技术经济，2021，40（09）：159–171.

[411] 赵玉洁. 媒体报道、外部治理与股权融资成本[J]. 山西财经大学学报，2019，41（03）：99–110.

[412] 郑建明，黄晓蓓，张新民. 管理层业绩预告违规与分析师监管[J]. 会计研究，2015（03）：50–56+95.

[413] 郑志刚，朱光顺，李倩，黄继承. 双重股权结构、日落条款与企业创新——来自美国中概股企业的证据[J]. 经济研究，2021（12）：94–110.

[414] 周建，张双鹏，刘常建. 分离 CEO 两职合一：代理问题缓和与战略继任的开始[J]. 管理科学，2015，159（03）：1–13.

[415] 周开国，应千伟，陈晓娴. 媒体关注度、分析师关注度与盈余预测准确度[J]. 金融研究，2014，404（02）：139–152.

[416] 周开国，应千伟，钟畅. 媒体监督能够起到外部治理的作用吗？——来自中国上市公司违规的证据[J]. 金融研究，2016，432（06）：193–206.

[417] 朱冰，张晓亮，郑晓佳. 多个大股东与企业创新[J]. 管理世界，2018，34（07）：151–165.

［418］朱丹，周守华．战略变革、内部控制与企业绩效［J］．中央财经大学学报，2018，366（02）：53-64.

［419］朱德胜，周晓珮．股权制衡、高管持股与企业创新效率［J］．南开管理评论，2016，108（03）：136-144.

［420］朱宏泉，余江，陈林．异质信念、卖空限制与股票收益——基于中国证券市场的分析［J］．管理科学学报，2016，19（07）：115-126.

［421］朱军．新时期质监信息化建设之对策［J］．江苏质量，2001（09）：32-33.

［422］朱孔来，李静静．中国股票市场有效性的复合评价［J］．数理统计与管理，2013，32（01）：145-154.